◇ 和创造世界名牌的人
『 一起放飞梦想』

◇ # 肯德基——小厨房里的大世界

kendeji--xiaochufang lide dashijie

◇ 陈 福 高立新 ◆编著

吉林出版集团有限责任公司

图书在版编目（ＣＩＰ）数据

肯德基：小厨房里的大世界/陈福，高立新编著. -- 长春：吉林出版
集团有限责任公司，2014.8

（和创造世界名牌的人一起放飞梦想）

ISBN 978-7-5534-4063-7

Ⅰ.①肯… Ⅱ.①陈… ②高… Ⅲ.①山德士（1890～1980）—生平事
迹—青少年读物 Ⅳ.①K837.125.38-49

中国版本图书馆CIP数据核字（2014）第160550号

肯德基——小厨房里的大世界
KENDEJI——XIAO CHUFANG LI DE DA SHIJIE

编　　著：	陈　福　高立新	
项目负责：	陈　曲	
责任编辑：	陈　曲	
出　　版：	吉林出版集团股份有限公司	
发　　行：	吉林出版集团社科图书有限公司	
电　　话：	0431-81629727	
印　　刷：	北京一鑫印务有限责任公司	
开　　本：	710mm×960mm 1/16	
字　　数：	100千字	
印　　张：	12	
版　　次：	2014年9月第1版	
印　　次：	2019年7月第2次印刷	
书　　号：	ISBN 978-7-5534-4063-7	
定　　价：	23.80元	

如发现印装质量问题，影响阅读，请与出版方联系调换。0431-81629727

序 言
PREFACE

梦想与生命共存　传奇与我们同在

当你拥有这套《和创造世界名牌的人一起放飞梦想》系列丛书并真正读懂它的时候，祝贺你，你已经向成功又迈进了一大步，并可以为自己的人生勾画一张蓝图了。

开卷有益，我们不是猎奇，不是对世界名人和超级品牌的奇闻轶事简单地一声惊叹，而且通过阅读，让我们的视野变得更加开阔，让我们能够更好地认识这个世界，并找到适合自己的成功之路。

这是一套全方位满足你阅读愿望的好书，文字鲜活，引人入胜。这里有商界巨鳄的传奇创业故事，也有他们普通如你我的日常生活，当你随着一行行文字重走他们的人生之路时，你的心一定会在波澜起伏中感到一种快意。或许他们的成功不能复制，但是他们的坚忍、执着、宽容——这些成功的要素，我们可以复制。

通过阅读名人的成长故事，重温名人的创业之路，我们会发现，健全的人格、自由的意志、高远的理想、敢于实践的勇气、高瞻远瞩的见地、坚毅勇敢的性格、理性处世的原则、独立思考的习惯、幽默风趣的表达方式……一个人成功的诸多要素都以具体而形象的方式展现在你的面前。

每个人都有自己的生活轨迹，然而成功之路殊途同归，这一路上你的行囊里必须要装入梦想、希望、宽容和坚忍。

请给自己一个梦想吧！梦想是成功的种子，梦想是希望的支点。从这套书中你会发现，每一个了不起的品牌里都承载了品牌创始人那激越的梦想。是梦想，让他们充满激情，斗志昂扬；是梦想，在困境中带给他们希望，让他们有了坚持下去的勇气；是梦想，激励他们不断向前进！

为梦想不懈地努力吧！从这套书中你会明白，任何人的成功都不会一帆风顺，在鲜花和掌声的背后，有太多不为人知的痛苦。那些创业中的失败、徘徊和挫折，对我们来说更具有启迪的价值。真正的勇敢者，并不是无所畏惧，而是在面对挫折的时候，能及时调整自己，正视艰难困苦，不放弃希望。所谓成功，不过是努力的另一个名字罢了。

伟大的戏剧家莎士比亚曾说："一个最困苦、最卑贱、最为命运所屈辱的人，只要还抱有希望，便无所怨惧。"

生命只有一次，让我们在阅读中汲取无穷的力量吧！《和创造世界名牌的人一起放飞梦想》系列丛书会带你走进一个传奇世界，仔细阅读并把你的梦想付诸实践，你也许会成为下一个传奇。

带上我们的梦想启程，为我们璀璨夺目的人生而奋斗！

目录
Content

前　言

Introduction

　　商场如战场，刀光剑影，谁能杀出重围，威震四方？商场又如擂台，华山论剑，谁能成为天下第一，笑傲江湖？全球快餐业一直以来都是竞争极为激烈、厮杀极为惨烈的领域，在这个风云变幻的行业，经过多年的争夺，行业巨头却是亦敌亦友的两个品牌——肯德基与麦当劳。

　　作为快餐魁首，麦当劳的辉煌始终让人由衷艳羡，而亦步亦趋的肯德基能够大获成功似乎更有借鉴意义，因为超越巨人是最难的挑战。

　　毫无疑问，肯德基已经成为全球备受欢迎的炸鸡连锁机构，这个从路易斯维尔市的小厨房中走出来的著名品牌，已经由一个手工作坊，走向了全世界。今天，肯德基餐厅已经在全球各地开设了两万多个连锁餐厅，每天接待的顾客多达两千万人次。

肯德基的母公司是全球最大的餐饮集团——百胜餐饮集团。百胜集团在全球100多个国家拥有超过五万家餐厅和几百万个员工。其旗下的著名品牌包括肯德基、必胜客、塔可钟、东方既白等著名餐饮品牌，在炸鸡、比萨饼、海鲜烹饪等领域，名列世界第一。

肯德基被誉为全球增长最迅速的快餐业品牌，受大众的关注度也越来越高，平均每天就有两家新店开张。自1952年第一家肯德基餐厅开张以来，肯德基餐厅已经从美国的犹他州走向了全世界，无论是英国、法国、荷兰、德国、澳大利亚等发达国家市场，还是中国、印度、俄罗斯、巴西等新兴市场，肯德基都能迅速地融入当地的经济生活，为当地人提供大量的就业岗位，成为当地经济发展的新的增长点。

除了本土化策略之外，肯德基餐厅能够受到全世界欢迎的原因，主要在于对食品安全的高度重视，对食品品质的不懈追求。肯德基的近百万员工，每年要为全球近50亿顾客提供优质的服务。

肯德基能保持如此快速的扩张速度，成为享誉世界的品牌，但是他们并没有故步自封，而是积极求新求变，从成立之初到现在，经历了五次"变脸"：

肯德基的第一代标识，是1952年公司成立之初的设计，采用了花体英文书写的方式，在标识的右侧，一个脸上刻着慈祥皱纹的老爷爷在注视着你，仿佛是一个饱经沧桑的老人在向后辈讲述烹饪的历史，有着浓重的历史感。

肯德基的第二代标识，是1978年设计的LOGO，这个设计改变了英文的字体，由左侧转到了右侧，这样做的好处是能让大众更直观地识记肯德基的产品标识，因为人的注意力总是偏向于右侧，而左侧的山德士上校的头像，也进行了优化，之前的头像造型皱纹过多，而第二代标识让山德士上校更加年轻，充满了活力。

1991年，肯德基设计了第三代标识，背景也从纯白色换成了渐近的红色方格图案，这也是肯塔基州传统的围裙图案。最大的改变是英文标识，从繁琐的全称变为后来享誉世界的简称"KFC"，这次的简写字母以醒目的红色字体标识出来，让人过目难忘。

6年之后，总部推出了第四代肯德基标识，这次的突出变化是肯德基山德士上校的形象为标识的中心形象，在他的左襟前印有"KFC"的标志，这次设计的标识也是消费者最熟悉的标志。

肯德基新标识的背景是一块菱形的红色色块，带给人以喜庆无比的视觉冲击力，另外新标识又可以让顾客联想起肯德基经典的薯条包装造型，可谓一举两得。肯德基的新标识成为统一的标识，在宣传广告、门店设计、产品包装、员工制服等视

觉设计中，广泛使用。肯德基的新标识，显得更富有时代感，线条更加简洁流畅，肯德基爷爷的发型也不再是古板的偏分，而是自然的发式。胸前依然是经典的蝴蝶领带，不过衣服已经从先前的双排扣西服，变成了带有竖条图案的红色围裙，据说这款围裙是肯塔基州的特色产品，它似乎在暗示消费者，今天的肯德基仍然保留着五十年前的传统，那个和蔼可亲的老爷爷还在亲自下厨，为顾客奉献美味食品一样。

"我们的山德士上校，恐怕是世界上最有名的形象之一了，虽然是熟悉的面孔，但是肯德基将他打扮一新，这次换装也意味着肯德基会迎来崭新的未来。因为我们要做的，不是躺在历史的功绩上，而是做面向未来的新快餐。"百胜餐饮集团中国事业部总裁苏敬轼，这样解读肯德基标识的第五次"变脸"。

1987年，肯德基正式进入中国，在首都北京的前门地区开设了第一家肯德基餐厅。中国有句名言，星星之火可以燎原，肯德基在中国27年的发展历程，就是这句名言的最好的注脚。时至今日，肯德基已经在中国600多个大中城市，开设了4000多家餐厅，肯德基在中国的发展之路，就是肯德基全球策略的一个缩影，它从一个门店开始，如今已经成长为中国规模最大、发展速度最快的快餐连锁机构。

2006年11月，第五代肯德基标识在全球同步统一发布，无论在美国、英国、澳大利亚，还是中国，人们陆续看到了换上新装的肯德基餐厅。中国第一个使用全新标识及装饰理念的肯德基餐厅位于北京市望京商业区。从外观看去，非常醒目的门头已经使用了肯德基新标识，穿着红色围裙的山德士上校看上去极具亲和力，吸引人们推门进去一看究竟。

在中国，肯德基的山德士上校的标识，并没有仅仅以西装革履的造型出现，而是出现了很多本土化的造型，比如山德士上校竟然出现了财神的造型，白胡子的山德士上校，穿上了蓝色的中式长袍，上面绣着梅花图案，寓意着历尽风霜仍然勇往直前，中间还围着一个黄色的腰带，代表着喜庆与祥和。又如在一家门店前，山德士上校还穿上了武财神关公的服饰，不过手里并没有拿着著名的青龙偃月刀，而是双手捧着一个鲜嫩的西瓜，欢迎着八方宾朋。

肯德基的五次"变脸"，实际上是适应市场经济变化的需要，而发生的一次次品牌重新定位，每次"变脸"都说明肯德基又有一次理念革新。

其实，在世界知名企业中，品牌标识的变化也是一种营销手段，会让消费者更直观地理解企业的经营理念。比如可口可乐公司，成立几十年来已经经历了三次重大的品牌标识变革。而肯德基的老对手麦当劳一直以保守的姿态，拒绝品牌标识的变化，但也在2003年开始了品牌的首次"变脸"。

众所周知，一个品牌标识的变革，实际上是企业经营理念变革的调整策略，有的是因为品牌遭遇信任危机，需要重振雄风；有的是品牌自身的辨识度较低，需要增加新的刺激元素；有的则是国际化变革的需要，需要更为国际化的符号设计，让全球的消费者都能理解品牌的内涵。

而肯德基已经是世界著名品牌，它的标识也早已经深入人心，成为全球消费者最喜爱的品牌之一。但肯德基仍然能勇敢变革多次，显示了肯德基不因循守旧、勇于挑战、自我超越的决心，每一次新的标识出炉，都表明了肯德基对世界的承诺：我们正年轻，我们永远在路上……

KFC

第一章　永远在路上

KFC

第一节　寻找属于自己的那颗星

> 问题不在于教他各种学问，而在于培养
> 他有爱好学问的兴趣，而且在这种兴趣充分
> 增长起来的时候，教他以研究学问的方法。
>
> ——卢梭

1890年9月，美国印第安纳州的一个农场，哈兰·山德士出生了。不过山德士的出生并没有给家里带来好运气，这个清贫的五口之家，日子过得很艰难。在山德士6岁的时候，父亲因病去世，这让本来就不富裕的家庭雪上加霜，父亲撒手人寰，留下了母子四人艰难度日。

山德士的母亲是一位坚强的女性，她发现在艰难的生活面前，眼泪根本无济于事，她擦干眼泪，开始谋划今后的生活。她在丈夫的墓前默默发誓，一定要将三个孩子抚养长大，无论怎样艰难困苦，她都要坚强面对。

她开始拼命接活儿，养活一家人。白天，她到食品厂做短工，挑西红柿，削土豆片，忙得不可开交；到了晚上，她也不

闲着，给街坊缝补衣服赚点零花钱。因为这样，她根本没有时间照顾几个年幼的孩子，这时候，作为家中长子的山德士就承担起了更多的责任。

或许是应验了一句俗语：穷人的孩子早当家。山德士自小就很懂事，自觉地承担起照顾弟弟妹妹的责任，他成了家里的"小大人"。街坊们都说山德士将来一定会有出息，因为他少年老成，不像别的同龄孩子一样到处疯跑，而是在家里做家务，照顾一家人的生活。

因为母亲忙于工作，白天根本不在家，山德士只好学着做饭。刚开始的时候，山德士连火都点不着，切菜、洗碗更是一窍不通，可是山德士一想到母亲在冬天冻得通红的双手，他心里就不禁一颤，他暗暗下了决心：我是一个穷人家的孩子，这没什么好抱怨的，这就是我的家，我要为妈妈分担家务。

经过一年多的磨炼，山德士不仅能熟练地操持家务，还能做20多样菜，成为一个小小的厨房高手。

在家里，哈兰·山德士是老大，在没有妈妈照顾的日子里，他毅然挑起了家里的大梁，照顾弟弟妹妹，为弟弟妹妹们做饭。山德士好像天生对烹饪有着浓厚的兴趣，在他看来，做菜并不是什么折磨人的事情，相反，每当为妈妈和弟弟妹妹端上自己亲手做的饭菜，看到他们狼吞虎咽地一扫而光的时候，就会有一种自豪感油然而生。

很多年以后，已到耄耋之年的山德士回忆说："那时候，我最大的幸福就是，让妈妈少做一点活儿，我能做什么就去为妈妈分担点什么，我知道自己做的饭并不好吃，但是一家人的生活就是互相包容，我要永远感谢我的家人，是他们给了我人生中的第一句鼓励。"

对哈兰·山德士做的饭菜，无论是老人还是小孩，甚至是有着多年烹饪经验的家庭主妇，都赞不绝口。或许，这就是一种无形的魔力吧，可以让一个人事半功倍，这种魔力叫作兴趣，这种魔力叫作天才。

正是童年时期的无数次锻炼与实践，让哈兰·山德士拥有了一项自己热爱的兴趣基础。这种兴趣基础是对未来活动的一种准备，就好像是隐藏在烟花爆竹上的导火线，一经点燃，一经触碰，便绽放出绚丽的色彩，让自我的价值得以实现，让一种光芒照耀暗夜的天空。

后来，哈兰·山德士的母亲带着三个子女改嫁他人，五口人生活在一起。重组的家庭里没有温馨的气氛，也没有和谐的笑声，这种压抑的生活，让敏感而早慧的山德士感到浑身不自在，在这里的每一天都让他喘不过气来。在12岁那年，哈兰·山德士离开了这个让人无比压抑的家，来到了另外一个全新的环境——格林伍德。

在格林伍德，少年哈兰·山德士举目无亲，他第一次体会到离家的千般难处。他在当地的一家农场里做工，每天的工作是挤牛奶、剪草坪，日复一日重复着简单的劳动，每天的工钱不多，只能维持温饱。其实，挣钱少并不是山德士感到不痛快的原因，他在焦急地寻找自己的定位。

在闲暇的时候，哈兰·山德士常常躺在山坡的草地上仰望星空，天上繁星点点，如果说天上的星星代表着地上的一个人的话，哪颗星星才是自己呢？他在思考自己的未来：就这样度过自己的未来吗？这就是我活着的价值吗？少年哈兰·山德士在痛苦地思索着。

哈兰·山德士辞去了农场的工作，开始了漂泊的生活，他又辗转美国各地，尝试过不同的工作：将自己用一根绳子吊起来，粉刷高楼外墙；挨家挨户敲门的保险推销员；拿起灭火器，冲锋在火灾现场的消防员……后来，他还通过函授的方式得到了一个法学学位，并在堪萨斯州小石城当了一段时间的治安员。

哈兰·山德士的青年时代，是在不同城市之间，不同工作之间的转换中度过的。然而，对他来说，虽然做过很多工作，但是并没有哪一个能让他真正全身心投入进去。

直到有一天，一个偶然的机会让哈兰·山德士站在灶台前，烹饪他最拿手的炸鸡的时候，他才第一次觉得自己找到了人生的定位，这就是他几十年来苦苦寻找的那颗星！

一个人面对就业的选择时，该如何才能做出一个未来不悔的决定？兴趣，是一个重要的参考因素。

无论是学习还是工作，我们做出选择时，需要考虑到的一个重要因素，就是我们热爱什么，我们喜欢什么，我们对什么感兴趣。当学习或者工作是建立在兴趣的基础之上的时候，我们便有了一种不轻言放弃的热情，一种持之以恒的毅力，一种越挫越勇的锐气。

第二节　别为失败寻找借口

对一个人来说，所期望的不是别的，而仅仅是他能全力以赴和献身于一种美好事业。

——爱因斯坦

肯德基的创始人哈兰·山德士，一生遭遇的失败不计其数。从童年开始，他就不是一个幸运的人。山德士从13岁开始就四处流浪，不得不自己寻找生活的出路。在流浪期间，他几乎从来没有穿过一件干净漂亮的衣服，甚至都没有吃过一顿饱饭。为了维持生计，他不得不寻找各种各样的工作来做。他曾经当过餐馆的杂工，也当过汽车清洁工，在农忙季节他还要到农场谋一份工作。但是都没有做多久。

16岁那年，哈兰·山德士听说镇上来了一群招募士兵的人。他很想参军，因为那样他至少不用担心每天的吃饭问题了，也不至于像个流浪汉一样衣衫褴褛。于是他挤进人群，高声地说："长官，我要报名！"招募新兵的军官看着眼前的小伙子，发现他长的十分瘦小，于是说：

"小伙子，你多大了？我看你还不到12岁！"

哈兰·山德士心里明白，自己的年龄达不到征兵的要求，于是他索性脱去上衣，在军官面前做了一个健美运动员的姿势：

"看看我，尊敬的长官，虽然我长得小，但是您看看，我壮得像头牛。"

军官被眼前这个孩子的机智逗笑了，大手一挥：

"去吧，小伙子，到了军队，你会变成一头真正的壮牛的！"

幸运的哈兰·山德士通过谎报年龄的方式顺利参军了，在军队里他虽然没有壮得像头牛，但是军队的严格纪律和刻苦训练锻炼了他的意志品质。军官教训士兵最爱说的一句话是：

"去吧，小伙子，别找什么借口，失败就是不努力的结果！"

军队生涯给山德士最大的财富就是这句话——别给失败找什么借口。

在服役期满之后，哈兰·山德士利用在军队中学习的技术开了一个简陋的铁匠铺，由于竞争激烈，不久之后铁匠铺就关门了。

哈兰·山德士的生活几乎又回到了参军以前，衣食无着，到处漂泊。不甘现状的哈兰·山德士又通过自己的勤劳努力谋得了一份在铁路上当司炉工的工作，不久以后，他就因为工作表现好成为了一名正式工。哈兰·山德士感到从未有过的高兴，因为他还收获了一份纯洁的爱情，他觉得自己终于找到了一份安定的工作，可以结束飘浮不定的生活了。

谁知道好景不长，在经济大萧条前夕，他再次失业了，而当时他的妻子刚刚怀孕。更不幸的是，就在他的事业处于低谷之时，妻子也离开了他，并留下了一张纸条：我可以忍受饥饿、贫寒，但是我实在接受不了一个一无所成的丈夫，我觉得你的生命是被恶魔诅咒过的……捧着这张纸条，山德士不禁潸然泪下，他像小时候那样来到山坡，对着满天繁星大声呐喊：

"我真的就一无所成吗？我真的是被命运诅咒的人吗？"

哈兰·山德士一度陷入了人生的低谷，他觉得前途毫无希望，开始了自暴自弃的生活，每天借酒浇愁、颓废无比。但有

一天，他猛然想起在军队时长官说过的话——别为你的失败寻找借口。

"是啊，我其实并不是最失败的，至少我还有一个做菜的手艺，"哈兰·山德士自言自语，为自己打气，"我还有一颗永不认输的心，什么命运的诅咒，什么不幸运的人，不过是怯懦者寻找的可耻的借口罢了。"

哈兰·山德士开始重新振作，四处寻找工作，虽然结果还是四处碰壁，但是他从来没有放弃生活的希望。山德士就这样一直折腾到40多岁。他的朋友都劝他：

"别瞎折腾了，认命吧，山德士。要知道年轻的时候折腾来折腾去，还算是有进取心，但是你都这样的年纪了，是该乐天知命了！"

哈兰·山德士依然不为所动，他要做一个征服困难的勇士，而不是为失败寻找借口的懦夫。他来到了肯塔基州，在这里，哈兰·山德士开始研究炸鸡的特殊配料。经过研究，他发现，鸡肉本身并没有什么味道，要想使鸡肉香嫩味美就必须要从肉的表面将味道渗进里面去。为了使鸡肉味道鲜香，哈兰·山德士试验了上百种药草和香料，终于选定了其中的11种，以面粉包裹，在炸鸡的表面形成了一种薄薄的脆皮，味道鲜美无比。鸡肉味道的问题解决了，可是他又发现炸鸡的时间不好掌握：如果过长，会让鸡肉过于酥烂，影响口感；如果时间过短，鸡肉又不会成熟。为此，哈兰·山德士绞尽了脑汁，仍然没有找到一个合适的烹饪方式。

后来，哈兰·山德士买了一个压力锅，他如获至宝——终于有了试验烹饪炸鸡的合适火候的工具了。他拿着手表和笔记本，盯着压力锅，做了各项有关烹煮的实验，比如烹饪的时间、压力大小和加油的用量，等等。经过一次次失败之后，哈兰·山德士终于发现一种独特的炸鸡方法。用压力锅炸出来的炸鸡是他所尝过的最美味的炸鸡，至今肯德基炸鸡仍延续这项使用压力锅的妙方，只是香料已经从哈兰·山德士最初选定的11种，增加到了40多种。而哈兰·山德士亲手拟定的配方，也与富于传奇色彩的可口可乐配方一样，被保存在一个戒备森严的地方。

正如哈兰·山德士预计的那样，炸好一只鸡仅仅用15分钟就可以，既保证炸鸡的鲜嫩美味，又不至于让顾客等太久。这个成功的烹饪试验为以后肯德基的大规模量产打下了雄厚的基础。

很快，哈兰·山德士开了一家炸鸡店。没多久，时间短、味道好的炸鸡便成为当地人们谈论的热点，众多食客趋之若鹜，即便在20世纪30年代的大萧条时期，山德士的餐馆依然经营得红红火火。

1935年，为了感谢哈兰·山德士对肯塔基州饮食事业做出的特殊贡献，时任州长的鲁比拉丰向这位"炸鸡"先锋授予了肯塔基州上校官阶。可是"二战"的爆发，带给哈兰·山德士的是一种严重的打击。政府实行石油配给，加油站被迫关门。这一场世界范围内的战争令每个人都惶惶不可终日，美味的炸鸡也不能使人们安宁，哈兰·山德士的炸鸡店也渐渐难以维系。

随后，在肯塔基市又新建了一座跨越其市区的高速公路，这条公路的行程路线穿过山德士的饭店，在此情况下，饭店被迫关门。这突如其来的变故把哈兰·山德士推向了深渊。一切心血都付之一炬，一切资产都没有了维持的载体，一切事业都化为了"零"。除此之外，由于"二战"的爆发，他不仅失去了所有，还又增加了数目不小的债务。为了偿还债务，哈兰·山德士甚至用光了所有的银行存款。

哈兰·山德士，这位昔日受人尊敬的上校，一下子从人人尊敬的富翁变成了一文不值的穷人。这时的山德士已经56岁了，所能依靠的仅仅是每月105美元的救济金。与从前的生活相比，当时的哈兰·山德士的生活，无论从质量上还是水平上都如同坠入万丈深渊。但山德士不想就此了却自己的一生，况且那点救济金根本不能维持生活，一切还得靠自己。在那样一种困境中，哈兰·山德士第一时间想到的不是等待，不是等待政府、他人的救济；不是逃避，不是逃避拼搏后的再次失败；

不是堕落，不是堕落于这种前后相差甚远的生命质量的落差之中。

哈兰·山德士看着政府给他的第一张社会安全支票对自己说：

"政府每个月要给我105元，让我勉强过活。必定有些事是我能为自己和为别人做的。"

"有些事情是我能为自己和为别人做的"，从这句话中，我们能够听到的是一种力量，一种振奋人心的力量。自我的决定有时候不仅仅是关于我自己，有些事情，关于选择，关于拼搏，关于奋斗，关于尝试，或许会是别人生命中的一抹重要的色彩，有些事情，关于自我的存在，可能会影响着别人。

未来会怎样？哈兰·山德士不停地思考，他把自己的失意当成了一页历史，他要把这页翻过去，因为只有把握未来才真正有意义。在哈兰·山德士的心中，正是有这种自我存在的意识，所以当困难、打击深深地走进自我的生命中的时候，他清楚地知道，他的后半生不能仅仅依靠政府的100多美元的救济金过活，他要靠自己重新东山再起，重新实现他的自我价值。

哲学家维克多·费兰克说："每个人都被生命询问，而他只有用自己的生命才能回答此问题；只有以'负责'来答复生命。因此，'能够负责'是人类存在最重要的本质。"我们知道，哈兰·山德士可以比其他人更容易找到放弃努力的借口，但是他从来没有找任何借口放弃对事业的追求。与其说山德士得到了命运之神的垂青，不如说是他在与命运搏斗的过程中，成为了真正的强者。

第三节　　1009次失败

> 一个人若是没有热情，他将一事无成，而热情的基点正是责任心。有无责任心，将决定生活、家庭、工作、学习的成功和失败。这在人与人的所有关系中也无所不及。
>
> ——托尔斯泰

即使遭到命运的一次次打击，哈兰·山德士也从来没有认为自己彻底失败了，所以对于朋友的劝告他一直不予理会。哈兰·山德士毅然决然地走上了再次创业的道路。他从肯塔基州到俄亥俄州，在每一家饭店门口向老板和店员兜售炸鸡秘方，要求给老板和店员表演炸鸡。如果他们喜欢炸鸡，就卖给他们特许权，提供作料，并教他们炸制方法。

"折腾了一辈子都没有折腾出什么成就，现在已经老到了领社会保险的时候了，难道还不放弃吗？"哈兰·山德士曾经多次这样问过自己，但是每次他给自己的答案都是"绝对不能放弃"。虽然一贫如洗，但是山德士依然穿着整洁的西服，带着他的压力锅和作料桶，开着他的老式福特汽车，开始他的第二次创业。

如何才能摆脱困境，是哈兰·山德士一直苦思冥想的问题，在他看来，他拥有的最有价值的东西就是炸鸡了，这是一笔巨大的无形资产。困境中的山德士想：如果有人愿意购买他的炸鸡作料和他的制作方法许可，这将会是第二次创业的新起点。

就这样，哈兰·山德士身穿白色西装，打着黑色蝴蝶结，一身南方绅士的打扮站在每一家饭店的门口兜售炸鸡秘方，如果老板和店员喜欢炸鸡，就卖给他们特许权，提供作料，并教他们炸制方法。经过了一次又一次的失败，山德士仍然毫不气馁。面对客户时，山德士总是西装笔挺，发型一丝不乱，他就那样静静地等待着客户忙完工作，然后双手递上名片，幽默地自我介绍：

"我就是那个失败了几百次的山德士。尊敬的先生，我想，今天我们的会面，您会改变我的绰号，我相信您会让我成功一次。"

不过哈兰·山德士的幽默并没有给他带来好运。通常的情

第一章　永远在路上

和创造世界名牌的人一起放飞梦想

Let the dream fly

况是，客户根本不理会这个老先生的建议，而是自顾自地忙着自己的事情。如果一般人遇到这种情况，会感到无比的沮丧，不过哈兰·山德士毫不介意，他说：

"拒绝我，是他的权力，但是我要实现我的梦想，站在那些可能拒绝我的人的面前，我就是成功的。因为，我又朝着自己的目标迈进了一大步。"

有人好心提醒山德士：

"停下来吧，你的这套说辞恐怕全镇子的人都会背诵了。你也年纪不小啦，据说你已经经历了一千多次失败了。"

哈兰·山德士理了理自己的领结，然后一本正经地说：

"是的，有人统计过，说我一共失败了无数次。不过你要知道，我们无法预测自己的未来，谁知道下一次，我是不是会成功呢？"

倔强的哈兰·山德士走过了一家又一家饭店，他一次又一次地表演、兜售。开始的时候，没有人愿意相信他，饭店老板甚至觉得听这个怪老头胡诌简直是浪费时间。山德士的宣传工作做得很艰难，整整两年，他被拒绝了1009次。功夫不负有心人，终于在第1010次走进一个饭店时，得到了一句"好吧"的回答。有了一个人，就会有第二个人，在山德士的坚持之下，他的想法终于被越来越多的人接受了。

1952年，盐湖城第一家被授权经营的肯德基餐厅建立了，这便是世界上餐饮加盟特许经营的开始。紧接着，让更多的人惊讶的是，山德士的业务像滚雪球般越滚越大。在短短5年内，他在美国及加拿大发展了400家的连锁店。1955年，山德士上校的肯德基有限公司正式成立。1971年，经由山德士的同意，布朗和麦赛将这项潜力无穷的事业出售给休伯莱恩公司。而这时肯德基的年营业额已经超过两亿美元。虽然此后肯德基事业不断转手、变化，但特许经营的方式一直没有改变。

愈来愈大的经营规模，让哈兰·山德士上校的肯德基有限公司应运而生，与此同时，他接受了科罗拉多一家电视台脱口秀节目的邀请。由于整日忙于工作，他只有找出唯一一套整洁的西装——白色的西装，戴上自己多年的黑框眼镜，出现在大众面前。哈兰·山德士的形象，很快就吸引了众多记者和电视主持人，这就是我们现在所看到的属于肯德基的独有的品牌标识。今天，这个形象已遍布世界各地，它代表着肯德基这个企业的企业文化。

大器晚成的哈兰·山德士在年近70岁的时候被吵嚷着要与他合作的人团团包围，其他要买特许权的餐馆代表还在蜂拥而至。为了满足大家的要求，哈兰·山德士建起了餐饮培训学校，让这些餐馆老板到肯德基来学习怎样经营特许炸鸡店，这又进一步扩大了肯德基的影响力。

如今，在经济全球化的快速发展之下，肯德基受到全球消

第一章 永远在路上

肯德基——小厨房里的大世界

费者的欢迎。今天，肯德基店牌上，微笑的山德士上校好像在告诉顾客，今天的肯德基依然像50年前一样，山德士上校在厨房里辛勤为顾客手工烹制新鲜、美味、高质量的食物。全新肯德基标识为肯德基这一世界上极具声誉、备受欢迎的品牌增添了与时俱进的现代感，这便是对企业品牌与形象的塑造。从过去到现在，肯德基一直都重视品牌建设，这是企业无形的巨大资产。通过丰富的品牌企业文化和良好的信誉形象，会给予企业更大的活力与收益，这也是企业经营成功的重要因素。

时至今日，肯德基的形象依然是那个一身白色西装、满头白发、戴着黑框眼镜、永远笑眯眯的山德士上校。山德士的一生是一个传奇，他干过各种各样的工作，但在40岁的时候才在餐饮业上找到了自己事业的起点，然后历经挫折，在66岁的时候又东山再起，重新创造了另一个辉煌。

我们试想一下，如果山德士上校在失败第1009次的时候，停住了前进的脚步，会是一个什么样的结果？

合抱之木，生于毫末；千里之行，始于足下。白发白须、慈眉善目的山德士上校也是白手起家，创业之路上几经浮沉，才取得了巨大的成就。现今世界最大的炸鸡集团——肯德基品牌的创始人哈兰·山德士的创业历程可以让我们看出自我的意义：自我的决定力量，"我"是我自己的主人。从哈兰·山德士的身上，我们可以看到无论面对任何处境，我们都要坚信一切靠自己，只有自己才能掌握自己的命运。

第四节 山德士上校"复活"

> 我们多数人的毛病是，当机会朝我们冲奔而来时，我们兀自闭着眼睛，很少人能够去追寻自己的机会，甚至在绊倒时，还不能见着它。
>
> ——卡耐基

一直以来，哈兰·山德士上校都是肯德基的形象代言人，他的白胡子和慈祥的微笑俨然成了肯德基的金字招牌。不过，肯德基并不满足于只是让山德士上校在牌匾上静静地看着大家，而是运用动画技术，让山德士上校在银幕上重新"复活"。他富于绅士风度的谈吐，以及宽厚低沉的声音，让大家迅速地记住了这个充满传奇色彩的老人，山德士上校并不是一个高高在上的偶像，而是一个邻家老爷爷，正和蔼可亲地看着你吃下他"亲手"烹制的美食，还有什么是比这更温馨的画面吗？

从2003年开始，每逢中国农历新年，这个白胡子的老爷

和创造世界名牌的人

一起放飞梦想

Let the dream fly

爷都会脱下笔挺的西装和锃亮的皮鞋，换上中国传统的唐装、布鞋，与中国的百姓共同欢度春节，这无形中拉近了肯德基与消费者之间的距离，干净、美味的食物与家庭氛围显得相得益彰，而肯德基爷爷的百变造型，也为节日气氛增添了更多的喜庆色彩。

哈兰·山德士上校是闻名世界的名人，人们喜爱他的原因，并不仅仅因为他是肯德基的形象代言人，而是在他身上蕴含的巨大的能量，以及面对挫折永不言败的强者精神。当山德士上校临近90岁高龄的时候，很多人都劝他应该好好歇息一下，不要整天忙忙碌碌的，但是山德士上校坚持工作，因为在他看来，从事一项事业，并不只是年轻人的专利。于是这位富于传奇色彩的上校，又开始担任"肯德基"的发言人，即使辞世之前，他仍然要为肯德基的发展殚精竭虑，每年出差25万公里，就像是不知疲倦的铁人。

"您已经拥有了巨额的财富，而且是可以颐养天年的老人，为什么还要如此拼命地工作呢？"有人问山德士上校。

哈兰·山德士想了想，认真地回答道：

"我这个年纪，或许是含饴弄孙的时候了，但是有句老话，有的人会因为闲散而浑身生锈。如果那样的话，上帝也不会原谅我，我想，我会下地狱的。你也知道，每个人都想进天堂，所以，我的目标只有一个——工作、工作！"

1980年，山德士上校因白血病不幸辞世，享年90岁。

得知噩耗，人们都自发地来到州议会的会议厅，缅怀他们心中的英雄。因为大家清楚，正是这个平凡的老人，为肯德基，也为肯塔基州带来了无限的荣誉。这个世界上，人们或许不知道肯塔基州在哪里，但是都知道肯塔基州出了一个能烹饪美味炸鸡的上校，他总是慈祥地望着芸芸众生，奉献给人们以美味食品。

哈兰·山德士上校，他的一生就是一个传奇，这位老人用一只鸡，改变了世界的饮食习惯。人们永远不能忘记，山德士上校不知疲倦地穿梭于世界各地，经常在旅行车上打个盹就算休息了，他每到一处，就推销自己的烹饪心得，更传播一种健康饮食的理念。

山德士上校永远坚信，自己的努力总有一天会得到回报，因为这个世界或许并不缺少一个颐养天年的老人，但是缺少一个能激励人们勇敢前行的英雄。

基于保密原则，哈兰·山德士上校并不能公开自己的炸鸡配方，但是每到一处，他总会对着听众，分享自己的成功秘诀：

"不要放弃，无论什么情况，要始终坚信你能获得成功，如果暂时遇到挫折，不要灰心，我们要做的只是坚持正确的想法，然后坚持下去就是了，要想想，这个世界上还能有谁比我面对的失败更多？我曾经遇到过1009次失败，但是，我做的很简单，就是再试第1010次……"

山德士上校已经离开我们30多年了，可是他的微笑仍然陪伴着我们，他的精神依然激励着我们，面对困难，永不言败！

每一片土地都有属于自己的荣耀，华盛顿州不仅有美国人民心目中的政治英雄乔治·华盛顿，还有世界人民瞩目的电脑奇才比尔·盖茨；新墨西哥州因为有全球酒店大王康拉德·希尔顿而倍感骄傲；股神沃伦·巴菲特无疑是布拉斯加州的光荣；而哈兰·山德士当然也成为了肯塔基州的代表。一个慈祥友善的炸鸡店老板被大家亲切地称为"山德士上校"，这个上校不伤一兵一卒，攻占了无数人的"胃"。

哈兰·山德士功成身退，然而"肯德基"已经深入人心，成为了世界的一部分。

和创造世界名牌的人

一起放飞梦想

Let the dream fly

第五节　从店长到州长

> 要冒一次险！整个生命就是一场冒险。
> 走得最远的人，常是愿意去做，并愿意去冒
> 险的人。
>
> ——卡耐基

约翰·布朗，1933年出生在肯塔基州的列克星敦市，父亲是一名著名的律师。或许是受到了父亲的影响，他一直喜欢挑战自我，追求新的人生高度。

约翰·布朗是将肯德基从肯塔基州推向世界的功臣，他的一生与肯德基的创始人哈兰·山德士一样充满了传奇色彩。约翰·布朗从事过五花八门的职业，从一个推销员起家，后来竟然当上了肯塔基州的州长。他的人生信条是：当你不知道你面前的一扇门是不是开着的时候，推一推就知道了。

约翰·布朗毕业于肯塔基州立大学，获得了文学学士学位，又用3年的时间，修完了法学学士学位，并在同年获得了律师资格。

在肯塔基大学，约翰·布朗是一个风云人物，因为入学前他就已经自食其力，不同于那些被父母供养的尚属稚嫩的学生了。成为肯塔基大学的学生之前，约翰·布朗曾经做过伊莱克斯真空吸尘器的推销员，而且销售量在公司名列前茅。入学后，约翰·布朗迅速地找到了新工作，他担任了学校的大英百科全书分店经理。在职期间，他曾经创下了全美大英百科全书销量的冠军纪录，年收入高达两万多美元。正是靠着自己的勤工俭学，约翰·布朗完成了自己的学业。

毕业之后，约翰·布朗面临着职业选择的问题，他决定先做律师行业，以此来丰富自己的阅历和人生经验。无比精明的约翰·布朗做了一个聪明的选择，他认为自己不过是一个涉世未深的毛头小子，顾客未必会信任自己，所以他拉来了自己的父亲，成立了"老布朗和他的儿子"律师事务所。约翰·布朗的想法果然奏效，事务所业务不断，而约翰也迅速地适应了新角色，很快就能自己独当一面，成为一个成熟稳重的律师。没过多久，事务所的招牌就改为了"布朗和他的父亲"律师事务所。虽然只是语序上的小小变化，但是从中可以看出约翰·布朗角色的变化。

几年之后，约翰·布朗离开父亲的律师事务所开始经商，因为他结婚生子，有了自己的家庭。他和妻子共同经营了一家烧烤店，由于风味独特，所以客流量很大，收入也不菲，这让约翰·布朗看到了烧烤及快餐业的巨大商业潜力。

1964年，刚过而立之年的约翰·布朗慧眼识珠，联合自己的投资人，从肯德基的创始人哈兰·山德士上校手中，以200万美元买下肯德基公司的股份。或许是出于一个商人的敏锐嗅觉和精明天性，也或许是出于对山德士上校的尊重，在签署合同的时候，约翰·布朗特意加了一个条款：山德士上校被新肯德基公司终生高薪聘用。或许正是这个有养老性质的、带有人情味的条款打动了已经步入老年的山德士上校，两个人很快就签订了转让合同。

经过短短几年的海内外扩张，约翰·布朗将肯德基这家仅在当地较有影响的公司打造成了世界上最大的快餐航母之一。1966年，约翰·布朗被美国青年商会评为美国杰出青年之一；第二年，约翰·布朗又被评为美国杰出公民领袖；其后，约翰·布朗同时成为肯塔基和路易斯维尔商会成员。随着约翰·布朗在商界声誉日隆，他的母校也决定褒奖这位杰出的毕业生，1970年11月6日，约翰·布朗入选肯塔基大学校友会杰出校友名人堂。

1971年，约翰·布朗以两亿多美元的价格，将他在肯德基的股份出售给休伯莱恩公司。可是，尽管以后约翰·布朗又投资了别的餐饮项目，但都没有像投资肯德基那样成功。

一向精明的约翰·布朗在卖掉肯德基后，做出了几件让人感到不可思议的事情。他忽然对体育产生了浓厚的兴趣，先后买下过几只职业篮球队。不过都是玩票的性质，比如他买下了ABA的肯塔基上校队，竟然让他的妻子和一个由10位女士组成的董事会管理这支球队，成为外行管理内行的大笑话。他还为了妻子的喜好，而不是球队的需要购买球员，引起了大家的不满。再如，他将凯尔特人队管理得一塌糊涂，最后只好卖了球队了事。好在约翰·布朗资本雄厚，从前在肯德基时代积累下来的财富给他提供了为各种兴趣试验的可能。

45岁的时候，约翰·布朗又做出了一个让人大跌眼镜的决定——参选肯塔基州的州长之职。尽管之前布朗没有任何从政的经验，也没有朋友听说他喜欢政治，但是他做出这个决定的时候，朋友们还是表示理解。毕竟，有肯德基的成功经验在前，布朗做出什么惊世骇俗的事情，都是不值得大惊小怪的。

不过，1979年，布朗正式宣布竞选州长的时候，还是让那些见多识广的政治观察家们大吃一惊，毕竟，美国和肯塔基州都处在经济危机之中，财政收入少得可怜，而福利支出常常让州财政捉襟见肘。不过，亿万富翁约翰·布朗丝毫不在意眼前的危机。

或许是常年经商带来的处变不惊的气质，约翰·布朗在演讲中只是淡淡地说：

"众所周知，我曾经将默默无闻的肯德基带到了快餐业翘楚的位置。我也同样相信，按照这种商业模式，我也会让肯德基的家乡在世界上有一席之地，请大家相信我的眼光和行动力。"

约翰·布朗的誓言与描绘的蓝图打动了大多数的选民，同时，也由于他有强大的财力支持，使他先是赢得民主党内初选，继而在大选中击败前共和党州长路易·南，毫无争议地当选肯塔基州的第55任州长。

尽管约翰·布朗顺利当选，可是很多人都担心毫无从政经验的他不能真正带领积重难返的肯塔基州走向新的辉煌。约翰·布朗确实有自己独特的从政理念，他发现现有政府的真正积弊在于官员人浮于事，官僚主义盛行。于是他解雇了大批政府雇员，而重新聘用了很多有商业背景的人士。经过一系列的改革，政府机构的活力被彻底调动起来了，偌大的州政府也像肯德基的各个部门一样，按照标准流程有秩序地运转起来。为了实现自己参选诺言中的多元文化目标，约翰·布朗在州内阁中任命了一位女士和一名少数族裔美国人。

当工作逐步走上正轨之后，约翰·布朗却发挥了无为而治的传统，在政务上放手让自己的副手管理，而自己则在世界各地宣传肯塔基州。在约翰·布朗任期内，有1/4以上的时间，副州长玛莎·科林斯作为代理州长，代行州长的职责。约翰·布朗将肯塔基州治理得井井有条。但是任期结束后，他并

没有继续竞选连任，或参选参议员，而是选择了功成身退，他全力扶持他的副手参选新州长。终于，他的继任者玛莎·科林斯赢得大选，成为肯塔基州第56任州长。

约翰·布朗就像一个武林高手，经常神龙见首不见尾，很少有人能真正理解他的思想。他从一名小烧烤店的老板，又跨界成为一州之长，这种多元化的跨界让我们很难定位他到底热爱什么行业。不过有一点毋庸置疑，在约翰·布朗传奇的一生中，最闪亮的时光应该是他当肯德基董事长的时候。

退休之后，约翰·布朗表现出他对饮食行业的一贯的兴趣，而且依旧偏爱鸡肉食材。他和乡村音乐明星肯尼·罗杰斯在1991年共同创建了一家以木材烤鸡为特色的餐馆，生意还不错。

无论布朗在理想之路上走多远，他总爱回到故乡——肯塔基州的列克星敦市，在那里，他仿佛看到了几十年前，一个意气风发的少年，迎着朝阳，走向了漫漫的人生之路。

第六节　只有失败的事，没有失败的人

> 21世纪是一个复杂而不可预知的世纪，
> 我们那些照目前来看已经固定的思维习惯和
> 价值观正接受新的挑战。
>
> ——宫崎骏

20世纪60年代，肯德基总裁约翰·布朗踌躇满志，他一心想扩展肯德基的海外市场。约翰·布朗首先将目光投向了人口众多的亚洲市场，他认为随着经济的发展，生活节奏的加快，会有越来越多的人需要干净美味的快餐。

这时，日本正处于经济腾飞的时期，从事家禽贸易的三菱公司抓住了商机，他们主动与肯德基公司商谈合作事宜，约翰·布朗认为这是个千载难逢的好机会，真正做到了天时地利人和。但是，在选派经理人的问题上，约翰·布朗犯了难，因为这个经理必须同时了解美日两国文化，还要有强烈的事业心与责任感。

很快，一个叫洛伊·维斯顿的人进入了布朗的视线，这是个绝佳的人选，他曾长期居住在日本，而且做过IBM的销售员，他不仅对日本的习俗了如指掌，而且具有相当丰富的销售经验。

"怎么样？我们一起做一番大事业吧！"约翰·布朗注视着眼前的洛伊·维斯顿，这个衣着笔挺的中年人有着独特的成熟与干练。

洛伊·维斯顿沉默了一会，然后一字一顿地说：

"我只想知道一件事，您对失败的容忍度到底是多少？"

约翰·布朗显然没有想到洛伊·维斯顿会问这样奇怪的问题，他想了想，说：

"我一直有这样的想法，这个世界上，只有失败的事情，而没有失败的人，如果你继续努力的话。"

洛伊·维斯顿对约翰·布朗的回答很满意，他紧紧握住了新老板的手说：

"谢谢您的信任，我一定会将剩下的生命，全部奉献给肯德基，我要对得起您的信任！"

约翰·布朗给洛伊·维斯顿开出了当时的天价薪金，年薪4万美元，另外还有20万美元的启动资金。很多人不理解地问约翰·布朗，把这么多钱投资给一个毫无快餐销售经验的人是否合适。

"我很信任他，因为很多应聘者来到这里，都会夸夸其谈自己会如何成功，给我描绘一个并不存在的宏伟蓝图。只有洛伊首先想到的是失败，一个时时有危机感的人，即使是失败，也是暂时的，因为他有一颗向上的心！"约翰·布朗这样回答了那些质疑的人。

洛伊·维斯顿在经过两个星期的炸鸡突击培训之后，踏上了远征日本市场的征程。

不过，令肯德基总部感到意外的是，来到日本近半年的时间，洛伊·维斯顿一直按兵不动，并没有按照常规进行门店选址与员工培训。这时，对洛伊·维斯顿不信任的声音再次甚嚣尘上，而约翰·布朗还是不为所动，他相信洛伊·维斯顿，这个做事前先想到失败的经理人。

其实洛伊·维斯顿并没有闲着，他先是在日本一家百货公司进行产品的测试调研。他认为，冒险上马肯德基门面，会增添更多的费用，不如利用别人的门店，进行前期的准备工作。果然，这半年的时间他收获颇丰。他发现，日本人喜欢原生态的食物，不喜欢压榨得过碎的土豆泥，于是洛伊决定以煎炸土豆的方式代替土豆泥。另外，日本人也不喜欢过甜的食物，于是他又对蔬菜沙拉做了改良，让这道菜口味更加清淡，符合日本饮食文化的需要……

1970年夏天，肯德基终于落户日本大阪的美国公园，洛伊·维斯顿并没有按照常理一家一家地开设肯德基餐厅，而是一下子就开设了三家。他的解释是，要形成一种集团的优势，让大阪人能一下子记住肯德基。同时，洛伊·维斯顿也没有进军日本最大的城市东京，对于这一点，洛伊·维斯顿也有自己独到的见解。东京虽然人口众多，但是地皮昂贵，开店成本较高，不适合新市场的开发，而大阪流动人口众多，最重要的是，这里是重要的港口城市，有海纳百川的文化包容性，肯德基容易在此立足。

事实证明，洛伊·维斯顿的判断是极为精准的。不过，刚开始情况并不像洛伊·维斯顿预期的那样向前发展，肯德基的老对手麦当劳如影随形般在肯德基附近开设了新店，分流了很多客源。肯德基门店的销售也不理想，客流很少，很多炸鸡因为过了保鲜期被白白倒掉。肯德基开局不利，让洛伊·维斯顿焦头烂额，很快，更坏的消息传来，最初的启动资金很快就用完了，而肯德基仍然没有实现盈利。肯德基总部那些不信任洛伊·维斯顿的声音又开始多了起来。给洛伊·维斯顿动力的人依旧是他的伯乐约翰·布朗。身处总部的约翰·布朗不为任何言论所动，他还是相信自己的判断，也相信洛伊·维斯顿的勇气。

洛伊·维斯顿感到百思不得其解，自己做了充分的前期调研，为什么还是失败了呢？一切都是按照肯德基美国总部的标准做的啊，问题到底出在哪里呢？洛伊在店面里走来走去，思考问题的症结所在。他看着眼前上千平方米的餐厅，宽敞明亮，而顾客却很少，他嘴角泛起苦笑，觉得餐厅越大，对自己的业绩而言就越是个讽刺。忽然，他灵光一闪，找到了问题所在。

原来，肯德基餐厅的设计标准是站立式的服务，因为美国顾客更多的是选择购买食物之后，就回家分享美食，而日本文化比较讲究全家人集体就餐，共同享用美食。这种文化差异让日本人觉得肯德基没有地方坐下来，好好聊聊天，这里只是一个食品加工车间而已。

洛伊·维斯顿马上召集部门经理开会，做出了三项决定：一是增加餐厅内的座椅和桌子的数量，二是增加松竹梅等符合日本文化特点的装饰，三是增加全家套餐的种类，并在各大媒体宣传肯德基的经营理念——时尚、活力，注重家庭的和谐氛围，将目标客户定位为高消费的时尚青年和儿童。

洛伊·维斯顿成功地将美国文化中的实用主义与日本文化中的家庭至上原则结合起来。终于，在开业6年之后，实现了日本肯德基的首次盈利。

今天，日本肯德基已经成为快餐业的翘楚，可是，很少有人知道，在成功的背后，有一个历经失败而永不言败的人，更有一个充分信任下属、有容人之量和宽容之心的伯乐。

和创造世界名牌的人 一起放飞梦想

Let the dream fly

第七节　鞋匠，还是只谈论鞋子好了

> 一个人事业上的成功，只有15％是由于他的专业技术，另外的85％要依靠人际关系、处世技巧。软与硬是相对而言的。专业的技术是硬本领，善于处理人际关系的交际本领则是软本领。
>
> ——卡耐基

约翰·布朗是商业奇才，曾经创造了肯德基的辉煌，在政界也如鱼得水，扶摇直上。可是当一个人认为自己无所不能，是个几乎不会犯错误的完人的时候，其本身就犯了一个天大的错误。约翰·布朗在他投资的篮球领域就犯了一个致命的错误——门外汉指挥内行，险些酿成大错。

不顾亲朋的劝阻，约翰·布朗入主NBA的凯尔特人队。当全队上下认为自己迎来了球队的新救世主的时候，他们还没意识到，新主人不过是一个随心所欲的老顽童。他一开始就做出了一个令人匪夷所思的举动：他竟然送走了当家球星，换回了几个没有什么价值的球员，一个是过气球星，一个是病号，一个是蓝领球员。当人们还在猜测约翰·布朗的葫芦里卖的是什么药的时候，恐怕只有布朗自己心里知道，他不过是一时兴起，并没有什么长远的计划。

当时凯尔特人队的灵魂人物，是人称"红衣教父"的奥尔巴赫，他担任球队主席兼经理。奥尔巴赫一度是夺得NBA总冠军次数最多的传奇教练。作为一个专业教练，奥尔巴赫看着约翰·布朗的乱指挥却也无可奈何，只好静观其变。

约翰·布朗本来以为奥尔巴赫会对自己的到来感到不快，没想到老谋深算的奥尔巴赫似乎预感到新老板的所作所为，他总是不卑不亢地执行新东家的命令，只是在选秀权等小问题上偶尔提出自己的看法。凯尔特人队的真正灵魂奥尔巴赫并不着急，他一直在等待时机，让自己的对手赶快离开。不过，奥尔巴赫的隐忍让约翰·布朗感到很满意，他更加肆无忌惮地执行自己的疯狂计划了。

这时的约翰·布朗早已经忘了自己是篮球界的门外汉，他认为自己手中的权力足够影响整个联盟。于是，赛季中他又做出了一件令凯尔特人队球迷大跌眼镜的交易，他请回了被自己交易到纽约的鲍勃·麦卡杜。这次交易让球迷们彻底愤怒了，因为麦卡杜早已不复当年之勇，他不再是当年那个叱咤风云的得分王，而是一个篮板数与得分数仅有个位数的边缘球员了。

愤怒的球迷纷纷指责约翰·布朗的决定，希望奥尔巴赫能站出来结束这场荒唐的交易。

这时候，奥尔巴赫却做出了一个让人匪夷所思的声明：他只能无条件地服从老板的决定，尽管他本人不同意这次交易，但，这就是职业篮球。

这份声明无疑是压倒约翰·布朗的最后一根稻草，它巧妙地说出了奥尔巴赫的态度，又将约翰·布朗一个人推到了舆论的风口浪尖上。

这时候，奥尔巴赫觉得已经做好了舆论准备，人心向背定成败，他对事件的流程、走向和结局成竹在胸，他觉得是时候向约翰·布朗摊牌了。

他推开了约翰·布朗办公室的门，进来之后，就开门见山地提出了自己的意见：

"布朗先生，或许您有您的见解，不过，作为球队的经理，我对您的篮球运营能力表示怀疑，坦率地说，我觉得您的交易简直是愚蠢的！"

奥尔巴赫在球场上素来以脾气火爆著称，善打心理战术，自然能妙语连珠，句句紧逼。

约翰·布朗万万没想到自己的经理会在这个时候给自己致命的一击，这个平时看起来和蔼可亲的老头，这时候竟然眼神咄咄逼人，丝毫没有退缩的意思。

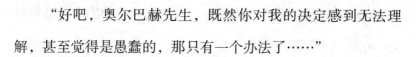

"好吧，奥尔巴赫先生，既然你对我的决定感到无法理解，甚至觉得是愚蠢的，那只有一个办法了……"

约翰·布朗双手一摊，下了最后通牒。

奥尔巴赫心里清楚，这是最后的通告，一个站在老板对立面的经理，只有一个结局，就是卷起铺盖走人。

不过奥尔巴赫并没有感到意外，他微微一笑，拿出了一只雪茄。这让约翰·布朗感到十分不悦，众所周知，在NBA赛场上奥尔巴赫有一个标志性的动作，当球队大比分领先，胜利已成定局的时候，他都会点上一根雪茄烟，这个动作被称作"胜利雪茄"。连波士顿的酒店都贴出这样的告示：本店禁止吸烟，奥尔巴赫除外。波士顿人用这种方式表达他们对奥尔巴赫的尊重。

约翰·布朗本以为自己让奥尔巴赫走人是一招妙棋，能震慑住眼前的对手，没想到奥尔巴赫却早有准备，竟然不慌不忙地拿出了一张纸："尊敬的约翰·布朗先生，您的决定无疑是正确的，我不会在一个对篮球一窍不通的人手下做事，这是纽约尼克斯队给我的邀请函，请您不要为我的出路担心。"

约翰·布朗显然低估了眼前这个德高望重的专家，队员们联名向凯尔特人队请愿，要求约翰·布朗走人，凯尔特人队只属于奥尔巴赫。这是一次力量不均衡的较量，篮球史上还从来没有出现过球队经理向老板逼宫的事件，不幸的是，在肯德基

王国叱咤风云的约翰·布朗先生，开了先河。他的错误是致命的，在自己不熟悉的领域里指手画脚，这种自以为是的做法导致了他最后黯然离职，将球队转手给别人。

结局是富有戏剧性的，奥尔巴赫重新率领凯尔特人队，再现了昔日的辉煌，而约翰·布朗则从这次惨败中吸取了教训，从此再也没有踏入篮球界，而是开始进入政坛。虽然在与奥尔巴赫的斗争中一败涂地，但是从此篮球赛场上少了一个蹩脚的老板，在政坛上又升起了一颗明星，约翰·布朗成功竞选为肯塔基州第55任州长。

约翰·布朗的错误让他狼狈不堪，但是值得庆幸的是，他及时终止了错误，开始了新的征程。

有这样一则故事：从前有一个画家，在街头作画，画的是一个英俊的少年，少年的脸上熠熠生辉，这时他的画作要完工了，他正在精心地修改画中主人公的鞋子。一个鞋匠在画家的身后看热闹，忽然他发现了画作中鞋子的一处错误，就毫不客气地指出来了，画家按照鞋匠的意见修改之后，果然人物传神多了。

没想到，鞋匠并不打算住嘴，他又开始品评画作的其他部分：脸太平淡了，衣服的色彩也不对……画家忍了很久，终于忍不住了，丢下画笔对鞋匠说："先生，您最好还是只说鞋子吧。"

这则故事虽然短小，却蕴含了很深的哲理：术业有专攻，如果身处最擅长的领域，你无疑是专家，而一个门外汉却要不懂装懂，甚至爱面子，瞎指挥，结果自然可想而知了。所以我们得到的启示是，一个鞋匠，还是只谈论鞋子好了。

第八节　正确的选择是成功的开始

> 呈现在我们眼前的，是一幅由种种联系和相互作用无穷无尽地交织起来的画面，其中没有任何东西是不动的和不变的，而是一切都在运动、变化、产生和消失。
>
> ——恩格斯

1986年秋，肯德基决定进军中国大陆市场，这是世界上人口最多的市场，又是正在蓬勃发展的经济体，市场潜力巨大。肯德基总裁迪克·迈耶一直想找到一个合适的人选，为肯德基打开中国市场的大门。

这时候，一个叫王托尼的年轻人给迪克·迈耶写了一封信。在信中，他向迈耶讲述了中国市场的广阔前景，认为现在是进军中国市场的最佳时机，而自己则是引领肯德基前进的最佳人选。这封毛遂自荐的信，让迪克·迈耶大喜过望，信中的很多想法与他不谋而合，王托尼正是他苦苦寻找的合适人选。

王托尼在1979年曾在肯德基工作过，熟悉肯德基餐饮的制作流程，而且这位美国纽约大学的工商管理学硕士在离职后回到中国创业，在天津投资了兰花食品集团，获得巨大的成功。迈耶对这个中国人十分信任，不仅仅是因为他能讲流利的普通话，与中国人谈判的时候丝毫没有语言障碍，也不仅仅是因为他曾经在肯德基工作过的履历足够光鲜，更重要的是，王托尼的自我推荐，让迪克·迈耶体会到这个年轻人创业的激情与渴望，与这样的合作伙伴工作，即使未来充满艰难险阻，仍然会有信心携手共渡难关。

王托尼被任命为肯德基东南亚区副总经理，主要掌管中国市场的拓展。

最初，王托尼打算在中国实施转让特许经营权的策略，这样做的好处是肯德基可以不用承担失败的风险，是一笔稳赚不赔的买卖，但是这样做利润很小，在和迈耶商量之后，王托尼坚定了自己作为一个公司代表在中国创业的决心，因为肯德基看重的并不是中国市场的现在，而是未来的广阔前景。

同时，王托尼还面临诸多方面的问题，比如政策信息不了解，管理人才缺乏，市场前景不明朗，等等。其中，最让王托

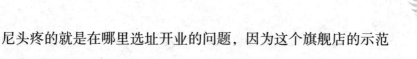

尼头疼的就是在哪里选址开业的问题，因为这个旗舰店的示范作用很大，决定着肯德基能否在中国站稳脚跟。

肯德基选址有一套完整的流程，分别是科学调查、确定商圈、寻找聚客点、确定店址。但是王托尼关注的并不是具体的店面选址，而是将中国的第一家肯德基门店开在哪个城市的问题。当时的中国特大城市中，有四个适合的城市——北京、上海、广州、天津。这四个城市有各自的优势，也存在着诸多的问题和劣势。

天津是王托尼最熟悉的地区，他曾经投资过这里的餐饮业，并且获得成功，与政府官员和工商界人士都保持着良好的合作关系。如果第一站选择在这里，无疑会顺风顺水，为今后的发展打下坚实的基础。但是天津市也有劣势，这里人口流动性不高，消费群体难以保证，天津的家禽养殖业欠发达，难以提供谷物饲养的肉食鸡，而且天津的城市影响力不够，不利于向全国市场覆盖。

上海作为中国最大的城市，无疑是肯德基选址的最佳之选，这里有更多的管理人才，还有大量的西方游客和从业人员，店面管理和客源保障都不是问题，同时，作为中国最繁华最现代的国际化大都市，上海的影响力毋庸置疑，肯德基选址在这里会起到良好的辐射全国的作用。但是上海的优势也恰恰是它的劣势，因为流动人口过多，是否能形成稳定的客源是一

和创造世界名牌的人 一起放飞梦想

Let the dream fly

个未知数，而且就餐环境也值得考虑，污染和噪音是最大的问题。

广州是中国南方的第一大城市，号称中国的南大门，这里开埠较早，物流发达，观念也较为西化，尤其是与香港相距仅100多公里，能够与香港肯德基总部进行沟通，得到业务支持。劣势是因为地处中国最南端，所以对食品口味的要求差异较大，而且影响力也稍显不足。

王托尼最后将目光落在了北京。北京，作为有着悠久历史和文化资源的名城，是中国的政治中心，人口流动性较大，有繁忙的地铁和公交网络。而且名胜古迹较多，世界各地游客众多，利于肯德基的营销推广。

经过认真的分析，王托尼决定将肯德基的中国之旅的起点放在北京。1987年11月12日，肯德基餐厅在北京前门大街正式开张营业了，也开始了肯德基在中国大陆的辉煌之路。很快，统计结果显示：这家餐厅每年的客流量达到创纪录的1700万人次，位列当年肯德基全球近万家分店之首；当年盈利近250万元；原计划五年内收回100万美元的投资，结果提前三年半实现了目标。在北京的肯德基旗舰店，最多的一天曾接待顾客近8000人，仅仅是炸鸡就卖出了2000多份。王托尼的选择成功了，时至今日，肯德基已经在中国的几百个大中城市设立了几千家门店，不仅获得了丰厚的利润，还将老对手麦当劳甩在了后面。虽然麦当劳比肯德基早几年进入中国，但是，在本土化经营策略上，肯德基无疑做得更好。

根据尼尔森调查公司的问卷调查，肯德基被评为消费者最愿意光顾的品牌，位列十大最有影响力的国际品牌之首。今天，肯德基已经成为中国快餐零售业的行业翘楚，王托尼当年的选择功不可没，当然，迈耶选择了王托尼，也称得上慧眼识珠，是肯德基在中国市场走向成功的开始。

第九节　造钟与报时

> 创新应当是企业家的主要特征，企业家不是投机商，也不是只知道赚钱、存钱的守财奴，而应该是一个大胆创新、敢于冒险、善于开拓的创造型人才。
>
> ——熊彼特

在同事们的眼里，苏敬轼是一个充满传奇色彩的人。他身高1.9米，温文尔雅，西装笔挺，一副好好先生的笑容，使他看起来似乎是一位颇具绅士风度的长者。但是熟悉他的人都知

道，他是一个坚持原则的人，一旦认准了前进的道路，就会一直走下去，并勇于挑战权威和传统思维，崇尚创新式思维。

苏敬轼十分推崇一部著作管理学名著——《基业长青》，这部书的作者詹姆斯·柯林斯、杰里·波勒斯指出：商学院的课程一直教导学生，要创业，就要先构想和发展产品，然后研究所谓的市场策略。但是实践证明，这样的好运设计不过是一次乌托邦的想象。真正的创业者并不会只是闭门造车，重要的并不仅仅是产品多高明，而是让产品作为一种交流的媒介，最后实现一个伟大的公司的梦想。

苏敬轼十分认同《基业长青》的观点。他认为要做好一家公司，领导者要做的并不是成为一个时时训诫下属的领导，而是让下属都具有前瞻性与预判性的创新者，换言之，就是与其做一个毫无作用的报时者，不如做一个能创造价值的造钟者。

要知道，幸运之神总是垂青有准备的人，如果有了创新思想，然后持之以恒地坚持努力，虽然不一定抵达成功的彼岸，但是至少会创造一种伟大的制度，然后让后来者成为踩在巨人肩膀上的人，那么成功也就是时间早晚的问题了。

唐·穆里根曾经是苏敬轼的同事兼好友，他们两个在20世纪90年代一起共事过，而他们一起共事的日子，是穆里根终生难忘的时光。

"要知道，我从他身上获得的教益，要比我从学校获得的知识加起来还多。他是个与众不同的领导者，更是个执着的商业奇才。"提起自己的旧友，现在担任通用磨坊公司首席财务官的穆里根还是满怀敬意。

"那时，苏敬轼还只是百胜公司的一个小职员，但是他始终坚持自己的见解，更难得的是，他并不仅仅是将肯德基作为自己的一份工作，而是全身心地投入，认为这是自己要毕生奉献的事业。"职业和事业，虽然只有一字之差，可是前者将工作看作是一种谋生的手段，而后者将工作视为生命的一部分，全情投入。

苏敬轼就是将工作当作事业来做的人。1989年，他担任百胜中国地区市场经理的时候，百胜餐饮在中国还只开了4家肯德基店，中国肯德基是百胜餐饮中业绩极其微薄的一部分，似乎还是可有可无的边缘角色。一次，集团公司对中国的市场前景作了一次风险评估，认为中国市场受到政策因素与经济发展的制约，缺乏继续扩张的能力和必要。这就意味着百胜集团有放弃中国市场的意图。

得知总公司的这个判断，中国肯德基的员工都陷入了惶恐之中，每个人的头上好像都悬着达摩克斯之剑一样，随时有被炒鱿鱼的危险。作为当时的小机构——中国肯德基的负责人，苏敬轼所考虑的并不是自己职业生涯的升迁，而是中国肯德基的前景。他十分熟悉中国市场的环境，他敏锐地发现，中国经

济的腾飞必然催生大量的中产阶级，而人们生活节奏的变化必然带来快餐行业的腾飞。眼前的困难只是中国经济转型之前的阵痛，中国肯德基的未来一定是前途光明的。

当同事们手足无措，为自己的生计担忧的时候，苏敬轼拿起电话，越级给百胜集团的会计师打了一个越洋长途，正是这次带有火药味争执的对话，改变了中国肯德基的命运。

苏敬轼质疑总公司的风险评估的公正性和前瞻性，并历陈自己的理由，最终，苏敬轼获得了胜利，中国肯德基得到了总部的大力支持，而苏敬轼也一战成名。他的思路清楚，语气坚定，给公司总部的人留下了极其深刻的印象。这个职位不高的年轻人，竟然能将公司未来的发展前景说得头头是道，让总部的人大吃一惊，这本来应该是董事局成员思考的问题，没想到一个小职员竟然有这样的远见卓识。

从此，苏敬轼开始名声大噪。不过，公司上下对苏敬轼的做法也是毁誉参半，有人认为他是一个勇于承担、敢于负责的好员工，当然，也有人认为他不过是好大喜功、爱出风头而已，觉得一个小职员，做好自己的本分就够了，何必要强出头呢？

苏敬轼对此毫不在意，因为在他看来，自己绝不仅仅是一架精密机器上的螺丝钉，而是一个天生的设计师，自己的人生也不是人云亦云，浑浑噩噩地混日子，自己要做一个造钟者，而不是报时者。

　　1997年，百胜餐饮被拆分，苏敬轼就顺理成章地被任命为中国百胜总裁。苏敬轼也有了更大的舞台，可以施展自己的才华和抱负。为了扩张肯德基，苏敬轼采取了中西合璧的方式，将美式鸡肉快餐与中国本土餐饮相结合，使得中国肯德基走上了发展的快车道。

　　苏敬轼本人是一个学者型的儒商，他从宾夕法尼亚大学沃顿商学院获得了MBA学位，对管理学和统筹学有着自己独到的见解，对用人之道也有一套独特的方法，比如，一般餐饮行业招收员工，往往要求不高，有的甚至只是要求身体健康、初高中毕业，等等。而苏敬轼招人却与众不同，他对应聘者的要求很高，只招收大学毕业生，而且要求实习生不能马上上岗，而是在"百胜黄埔军校"接受4年的岗位培训，合格者才能上岗服务。

　　苏敬轼说："我也知道，刚来的员工都想快点儿来到工作岗位，早点儿和顾客面对面的交流，以为这才能实现人生的价值。但是中国有句俗话，磨刀不误砍柴工，如果你不能明确工作的目标，就开始新的工作，往往容易在遇到挫折的时候，感到沮丧、迷茫。我们的目标很简单，就是寻找能以肯德基的工作为事业的人。"

　　或许是受到《基业长青》一书的启发，苏敬轼每年都要给年度优秀员工颁发"钟表缔造者奖"，奖品是一只价值不菲的

劳力士手表。

在颁奖仪式上，苏敬轼都会拍一拍获奖员工的肩膀，鼓励他们，不要做一个报时者，而要做一个造钟者。

第十节　一封承诺书

> 信用是难得易失的，费10年工夫积累的信用，往往由于一时的言行而失掉。
>
> ——池田大作

作为中国肯德基的掌门人，苏敬轼一向低调示人，苏敬轼原本不常在公众面前出现。他早年毕业于台湾大学，后在美国沃顿商学院获得了工商管理硕士学位。在加入肯德基前，他曾就职于宝洁公司。后来，任职肯德基之后，苏敬轼全程参与了肯德基中国市场的开拓之旅。

肯德基门店从1家到1000家店花了17年时间，这是在苦练内功、夯实基础；从1000家到3000家店，肯德基用了6年；从3000家到4000家，肯德基只用了两年。至今，苏敬轼把肯德基发展成中国餐饮业名副其实的第一品牌。

　　和其他企业高管的升迁之路不同，20多年来，苏敬轼的职位变动了若干次。最初，他加入肯德基的时候，仅仅是肯德基北太平洋地区市场企划总监，职位不高，1998年他正式出任中国百胜总裁。后来，他晋升为百胜全球董事局副主席、中国主席兼首席执行官。不过，虽然头衔变了很多次，苏敬轼的办公室却长期放在了中国。

　　"中国有句古话，既来之，则安之，我们早就意识到了中国的地位和重要性，所以我来了就没打算走，我对这个市场非常了解，也非常有兴趣，没有意愿去其他地方。"苏敬轼说。

　　苏敬轼显现了对市场的敏锐洞察力，如今，肯德基中国事业部已经成为百胜全球五大事业部之一，并且成为百胜餐饮部最重要的利润增长点，贡献了近一半的利润。2012年，百胜中国销售额增长了两成多，达到了69亿美元，而苏敬轼也成为百胜集团薪酬最高的高管，达到了惊人的1660万美元，而百胜餐饮CEO大卫·诺瓦克的薪酬才1420万美元。

　　不过，在肯德基事业节节攀升，高管风光无限的背后，也经历了多次信任危机，曾陷入过生存的困境。比如2003年，突如其来的非典和禽流感疫情，让肯德基的销量一落千丈，一度人头攒动的肯德基门店变得门可罗雀。

　　没想到，屋漏偏逢连夜雨，非典疫情的余波还未消失，2005年3月15日，上海市在对肯德基多家餐厅进行抽检时，发

现新奥尔良鸡翅和新奥尔良鸡腿堡调料中含有"苏丹红一号"成分。随后，在"香辣鸡腿堡""辣鸡翅"和"劲爆鸡米花"三种产品的调料中，也发现了苏丹红成分。其后，苏丹红事件迅速成为网络热点问题，舆论沸沸扬扬，都是对肯德基一边倒的反对之声。

肯德基第一时间在全国范围内停售所有问题产品，首先发表声明，向消费者致歉。同时定期向公众公开事件的进展，并配合有关部门清查所有的问题。经过肯德基的自查与科学检测，没过多久，肯德基的涉红食品又开始重新供应。

不过，从这次事件中，百胜餐饮集团吸取了教训，更加重视食品安全问题，花费数百万元成立了食品安全检测中心，防止那些不能坚持食品安全的供应商混入供应链。

苏敬轼也忙得焦头烂额，他好像是百胜公司的"救火队员"一样，一次一次地向消费者致歉，一次次地忙着危机公关。这个见证了肯德基在中国从4家到4000多家门店辉煌的掌门人，又经历了大大小小的质量和信任危机。他发现，肯德基的高速运转期也存在着安全隐患，他需要为肯德基实现一次信任"软着陆"。

肯德基开始了一场名为"雷霆行动"的自查风暴，严格筛选供应商，将一些不符合资质的供应商剔除出肯德基的供应链。

苏敬轼与肯德基的企划人员，设计了一则独特的广告，这个广告没有绚丽的舞台背景，更没有活力四射的靓男俊女，画面的中心也不再是热气腾腾、令人垂涎的美味炸鸡，只有简单的布景，和几句朴素的话语。苏敬轼带着他的中国肯德基团队，向全社会郑重承诺"为了您和您的家人的健康，肯德基承诺自己的产品'每一口都安心'"。

中国肯德基的掌门人亲自上镜，与肯德基旗下的普通员工一起，开展了一场亲情公关。伴随着这则主题广告登陆各大卫视，肯德基"我承诺"系列活动正式拉开帷幕。肯德基品牌总经理韩骥麟说："肯德基深切认识到食品安全对消费者的重要性。一年来的一系列事件帮助肯德基整理了思路，更加明确了'唯有抓好食品安全才有品牌发展'的道理，从2005年11月起，展开了全国肯德基所有员工的再训练，让每一位员工都重新认识理解公司的政策和标准，并以'我承诺'的方式彰显捍卫食品安全的决心。"

在线下，肯德基的25万名员工也开展了一场"我承诺"系列活动。拍摄承诺视频、填写承诺卡，向世界表达制作健康食品的决心。

杜斌和杨颜颜，是来自百胜餐饮集团的鸡肉供应商，这对山东凤祥的普通养鸡夫妇，没有什么豪言壮语，只是以朴实的话语和憨厚的笑容，告诉大家肯德基的饲养渠道是健康

和创造世界名牌的人

一起放飞梦想

Let the dream fly

可信的。而家禽保健检测室的姜海芳，则向大众传递了一个信息：肯德基的检测流程是科学而严格的。另外，肯德基的餐厅经理赵明敏、肯德基品牌总经理韩骥麟，都登上了电视屏幕，他们也没有对肯德基的安全事件做更多的辩解，而是庄严承诺："肯德基使用的白羽鸡绝不添加激素，肯德基的鸡肉是安全的"。

肯德基的做法很聪明，他们并没有以明星代言的方式进行危机公关，更没有用新广告替代旧广告，他们直面所面临的问题，以真实而温暖的案例，讲述了肯德基对社会的责任感，对大众的集体承诺：我承诺，严格遵守国家食品安全各项法规；我承诺，严格执行肯德基各项操作规范和流程；我承诺，恪尽职守，全力以赴，食品安全无小事；我承诺，在肯德基，每一口都安心。

苏敬轼对肯德基的广告公关有着自己独到的理解，他说："这不是宣传噱头，而是肯德基誓言要在食品安全上为家人、为员工、为大众保驾护航的一个态度。"苏敬轼作为中国肯德基的掌门人，面对危机的时候，并没有消极解释，而是积极应对，甚至亲自上阵，化解危机，不仅收到了良好的宣传效果，而且也赢得了消费者的尊重。他说："让别人说并没有说服力，需要他的时候就必须抛开个人喜好、荣誉站出来，希望大家可以感受到肯德基的决心和诚意。"

第十一节　烧饼配咖啡

最明亮的欢乐火焰大概都是由意外的火花点燃的。人生道路上不时散发出芳香的花朵，也是从偶然落下的种子自然生长起来的。

——塞缪尔·约翰逊

2009年3月，韩骥麟正式就任百胜中国副总裁、肯德基品牌总经理，这位新"上校"掌门人，与前任的低调处事风格完全不同，在他的身上体现着一种强烈的扩张愿望。

上任伊始，他就在大会上宣布：

"要实现跨越式的发展，就要承受巨大的压力，一个人不能承受命运的压力，就只能做它的奴隶！"

韩骥麟掷地有声的上任宣言，让员工们热血沸腾，同时也招来了一部分人的质疑，这个新掌门能完成这个宏愿吗？很快，开发业务出身的韩骥麟以实际行动打消了人们的顾虑，他带领肯德基团队，只用了半年，就完成了新开业200多家门店的任务。

要知道，肯德基是在金融危机席卷亚洲的情况下，实现这种飞跃的。有人问韩骥麟："为什么在金融危机的前提下，还有信心实现门店的扩张呢？"

韩骥麟对此有着自己独到的见解："金融危机的影响是无处不在的，对肯德基来说也不例外，比如，对沿海贸易出口影响巨大，而肯德基的主要客户源也纷纷流失。不过，我通过一个简单的方法就得出了一个积极的结论，我在中国各地的火车站，发现了大量的流动人口，这些潜在的客户，就是我们肯德基最宝贵的财富，因为他们要迅速地融入这个城市，就必然要习惯快节奏的生活方式，而肯德基则是他们最好的就餐选择。"

韩骥麟的判断是正确的。实际情况是，虽然在沿海城市，肯德基的销量受到了一定的冲击，但是韩骥麟却将扩张的重点转移到了内陆城市，肯德基的市场重心转移，恰好弥补了肯德基在沿海城市的损失。

俗话说，东方不亮西方亮。韩骥麟的曲线发展策略，为肯德基在危机中的逆势上扬赢得了难得的发展机遇，肯德基的营业额和利润额都呈现出两位数的增长，同时也支撑着韩骥麟的扩张战略。

"其实世界上并不存在真正的危机，无论什么时候，都会有大量的成功机遇，就看你是否能发现了。比如，在金融危机的环境下，最重要的是恢复经济消费的信心，所以我们参与了世界博览会餐饮项目的投标，首次投标就选中了一个700多平方米的区域。所以，与其说我们是在危机中挣扎，倒不如说我们是在危机中主动出击，寻找机遇。"面对金融危机的冲击，韩骥麟再次展现了与众不同的经营理念。的确如此，上海世博会有近亿的客流，这就是一个难得的宣传肯德基的窗口。

在公司大会上，韩骥麟给员工们算了一笔账：在成熟的市场，消费群体已经基本饱和了，要想获得新的发展，是几乎不可能完成的任务。但是中西部市场则不同，这里充满了希望与挑战，虽然有市场不成熟、人才匮乏等劣势，在运营成本上也略高，但是从中国市场的未来来说，我们的重心应该放到那里。

"成熟和发展市场将是我们今后发展的双轴心。所以，我们不能在一个成熟的市场复制以前的经验，但是能够在一个新兴的市场，应用到我们先前成功的经验，所以，我们不是复制过去，而是复制成功。"韩骥麟对中国市场信心满满，认为中国西部大开发的国家战略，以及中西部崛起的现实，都给肯德基提供了难得的发展机遇，韩骥麟也频频亮出诸多大手笔，让人不得不赞叹他的战略眼光和胆识。

百胜集团并购了中国火锅品牌小肥羊19.99%的股权，成

为其第二大股东。一个外国快餐品牌，竟然并购中国民族餐饮品牌，引起了业界与普通网友的广泛讨论。有人认为这是肯德基及其母公司的战略调整，是走向经营多元化的有益尝试。也有人认为百胜集团不务正业，这种不计经营理念差异的并购，只会使得百胜旗下的品牌战略蒙上一层阴影。

不过，韩骥麟却对诸多非议不以为然，他频频向来访者阐发自己的饮食文化与健康哲学："很多人说洋品牌的并购行为，是狼来了，是对中式快餐的压迫。其实，实际情况并没有大家想象的那么糟，无论中式快餐还是洋式快餐，消费者的口味选择是首要的，比如我自己，虽然是洋快餐的员工，可是也钟爱中式快餐，早晨的主食常常是一碗喷香的粥。"

韩骥麟的饮食理念很简单：适合本土文化的饮食，就是最好的饮食，餐饮企业的经营者不一定非要改变当地的饮食文化，而要顺应文化潮流。比如，肯德基比自己的竞争对手更早提供了咖啡饮品，但是不同的是，肯德基并没有在广告中大肆宣扬咖啡饮料的益处，而是低调地进行着诸多不同口味的食品搭配。

韩骥麟说："中国本土的饮食文化，并不具备推出咖啡饮品的条件，因为中国饮食文化的主流，并不是以刺激为主的咖啡饮品，而是更为温润平和的茶文化。咖啡不过是寻求刺激的一种舶来品，中国的老百姓还是习惯于读书看报，只有饮着茶品，才算是最顺畅的食品搭配，否则，就显得极为别扭。"

韩骥麟的思考是极为深刻的，随着经济的发展，中国出现了大量的白领和中产阶级，在都市文化和休闲文化的影响下，很多年轻人已经习惯于在办公室来一杯香浓的咖啡。但另一方面，文化的根性决定了这个群体骨子里还更习惯于中式餐饮的搭配。所以，肯德基出售什么饮品并不重要，重要的是如何实现饮品与主食的合理搭配。

"在休闲文化的概念下，我们需要去思考，中国人喝咖啡，应该是什么样的模式？是注重品质的高端设计，还是平民化的主副食搭配？这些都是我们研究的课题。现在看来，我们的任务并不是提供什么高端服务，而是研究咖啡搭配烧饼的可能性，这才是对本土文化的尊重，也是最好的创新。"韩骥麟对此有着独到的见解，他幽默地说。

KFC

第二章　　**我们经营的不是**
　　　　　炸鸡，是文化

KFC

第一节　心与心的距离

> 年轻时，我的生命有如一朵花——当春天的轻风来到她的门前乞求时，从她的丰盛中飘落一两片花瓣，你从未感到这是损失。现在，韶华已逝，我的生命有如一个果子，已经没有什么东西可以分让，只等待着将她和丰满甜美的全部负担一起奉献出去。
>
> ——泰戈尔

肯德基的生产经营秘诀，主要集中在如下几个词：标准、创新、用心。

肯德基的生产流程是——"工业化生产，标准化产品，连锁式经营"，无论你在哪个城市，只要来到肯德基的门店，都可以吃到同样规格、同样品质、口味也几乎相同的食品，这就是肯德基畅行世界几十年的秘诀。虽然其竞争对手都知道这个秘诀，但是实行起来却有很大的难度，因为标准制定起来很容易，但是一个群体的执行力是考察这个群体凝聚力的标准，很多企业正是缺乏这种对标准的重视和执行力，而败走麦城。

中国古语有云："没有规矩不成方圆"，"规矩"就是一种标准，但是几千年来，中国人对规矩一词既熟悉又陌生，这主要有两个原因：客观上，中国一直是农业社会，春种秋收，享受着日出而作日落而息的生活，这种生活节奏自然对所谓的大工业生产的标准化模式很陌生。另一方面，中国人认为规矩大不过人情，在对待事物的严谨方面，往往有些偏差，但恰恰是"失之毫厘、谬以千里"，每次都差一点，就不能走向完美，更无法走向成功。

"其实，百胜餐饮集团在中国市场的成功，起到关键作用的是其中国事业部的领军人物苏敬轼，全靠他的灵活机动的管理方式。"美国著名的《财富》杂志采访苏敬轼的时候，向读者这样介绍说。

苏敬轼对这样的赞誉却显得低调无比，他对记者说：

"在我的心中，一直渴望获得消费者的认可，希望肯德基成为他们生活中不可分离的一部分。但是，我并不希望我们的公司成为一个赚钱的符号，赚钱并不是唯一的目的，这样的品牌也不会获得世人的尊重，就连我们的员工也不会答应如此短视的行为。品牌就像一个人，如果只有贪婪，是不会有朋友的。品牌对自己一定要有期许，有完整的人格。只有为群体做贡献、诚信的、有良好道德价值观的品牌，消费者才会衷心接受。这也是我们员工希望看到的。"

苏敬轼对肯德基的定位富有远见，因为将一个品牌喻为人，显然是将品牌赋予了人的品格与责任。他希望肯德基品牌和消费者之间的关系，并不简单地限于利益与利润的关系，不是金钱与食品的交换，而是心与心的交流。肯德基不是赚钱机器，而是赋予责任感的企业，肯德基也不是垃圾食品的代言人，而是健康生活理念的倡导者。

今天的肯德基已经不再是以汉堡、薯条、鸡块——洋快餐的老三样作为产品的主打了，他们已经推出了近百种新品，而且还在以每年10多种的速度增加。

其实，如何对待传统与创新，是摆在每个企业面前的一道难题。中国百胜总裁苏敬轼说："我们中国人有一个优点，就是有自己的东西，还很愿意吸收别人的精华，在这个过程中有一个很好的均衡，海纳百川又能兼收并蓄……肯德基的另一个法宝是一定要非常了解消费者，关注他们生活中的变化和需求。"苏敬轼说的没错，肯德基一直在传统和创新之间寻找平衡点，已经成为了融合传统、创意为先的企业典范。

2000年开始，肯德基成立食品健康咨询委员会，对产品的研发方向提供建议，开发适合中国人口味的食品。比如2003年，肯德基将有着浓郁中国特色的老北京鸡肉卷带到消费者面前。老北京鸡肉卷是类似于北京烤鸭风味的小吃，它用极薄的面饼，里边放上经典的肯德基炸鸡条，以及时鲜的翠绿黄瓜条和葱段，然后再裹上甜面酱，让人品尝到浓郁地道的老北京风

味。还有有着浓郁川菜风格的"川辣嫩牛五方"、疯狂的"法风烧饼"、飘香的"醇豆浆"、风味独特的新奥尔良烤翅、中餐经典早餐粥、柔嫩可口的蛋挞……

肯德基的成功，还表现为寓教于乐的宣传方式，以及将心比心的交流方式。苏敬轼认为："其实一个企业的目标、理念定得都很时尚、全面，但是普通老百姓并不能理解那些复杂拗口的理论，你对他们宣传几个月，都不如来一次有创意的活动直接、实在。与其让消费者云里雾里，还不如直接以活动的形式，让大家参与进来，实现我们企业服务社会的目标。"

比如，有一个阶段，肯德基的企业理念定位为"天天运动，健康一生"，但是这种理念很难传递给大众。这时候，肯德基的企划部门就开始了市场调研，他们发现，普及度最高的运动是篮球运动，而这个运动受到场地的限制较多，于是，肯德基创造性地提出了三人篮球赛的活动设计，这次活动不是为职业运动员设计的，而是鼓励草根青少年参与，零门槛、无费用，甚至不受场地和设备的限制，受到了广大青少年的热烈欢迎。

最初，肯德基的门店经理认为，这不过是一次宣传活动，找专门的企划人员来做就可以了。没想到，苏敬轼对各门店经理的要求是，要他们走出店面，亲自组织三人篮球赛。大家都不理解苏敬轼的做法，毕竟篮球赛举办的时间往往是周末，而周末又是肯德基一周之中营业额最多的时间段，大家觉得苏敬轼的做法是得不偿失的，都有些抵触情绪。但是随着时间的推移，大家不得不佩服苏敬轼的远见卓识，因为经理们收获的不仅仅是大型活动的组织经验，更重要的是，他们都同参赛选手成为了好朋友，关系越来越融洽，这是多少钱都换不回的真情实意。

另外，针对青少年群体，肯德基推出了"肯德基阳光学生卡"，这种优惠卡并不是仅仅价格优惠那么简单，而是细分市场，让学生有更多选择的权利。比如，基本的权利是每次点餐前出示此卡，就会享受各种不同类型套餐的优惠，并且没有次数的限制。这一招很绝妙，看似肯德基的利润降低了，但是从长远看，这些学生将来注定是社会的栋梁，而他们将来也必定成家立业，当他们已经习惯了在肯德基的消费模式，就会影响下一代的消费观念。

"我们的员工大部分是年轻人，和参赛选手之间有很多共同语言，他们的关系并不是服务员与顾客的关系那么简单，只要我们真正走进青少年的内心，聆听他们真正的需求，我们的目标就容易实现了，而'立足中国，融入生活'就不再是一句空话，毕竟，人与人之间，心的距离是最难跨越的。"苏敬轼说。

肯德基在中国开设1000家分店，足足用了17年，而开到

2000家，则只用了不到6年的时间，肯德基创造了快餐业发展的奇迹。

2009年，史无前例的金融危机席卷全球，即使这样，中国肯德基仍然能做到逆势上扬，提前完成了开店目标。如今，肯德基已经在中国500多个城市开设了分店，连锁餐厅超过300家。几乎每个城市，都会有山德士上校的慈祥的微笑，他注视着匆匆而过的行人，而中国的老百姓，都会毫不费力地辨识肯德基的标志。很多人都有享用肯德基美食的美好经历。

肯德基的成功，其实并不仅仅是快餐美味的诱惑，更有优质服务、用心与顾客交流的因素，他们是在用真诚丈量人与人、心与心之间的距离。

第二节　油条的革命

> 法者，天下之公器也；变者，天下之公
> 理也。
>
> ——梁启超

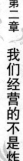

肯德基在2002年左右，推出了早餐供应服务，这一服务为肯德基的业绩增加了恢弘的一笔。

虽然肯德基在中国市场获得了巨大成功，但是市场调查显示，接受肯德基食品的多数是青少年，而更多的中老年顾客更青睐于中式早餐，比如稀粥咸菜、油条豆浆、包子面条等。为此，肯德基推出了富有中国特色的早餐品种：皮蛋瘦肉粥、牛肉蛋花粥、香菇鸡肉粥和安心油条等。

肯德基卖中式早餐，在网络上引发了诸多讨论，有人就质疑：肯德基是否由此变为不中不洋的品牌？肯德基的做法到底是对中国传统文化的继承，还是借传统文化的名义扩大销售额？为此有网站还专门进行了民意调查，结果有近一半的网友赞成肯德基的食品风格转变。毕竟，能吃到健康便捷又富有营养的早餐，是每一个上班族的愿望。

"在餐饮行业，所谓的大而全并没有什么不好，而消费者也乐见这种一站式购齐的消费模式，毕竟问题的关键不是能不能做，而是能不能做好。"面对市场的质疑，肯德基中国百胜总裁苏敬轼有着自己的见解，他认为肯德基的本土化创新是大势所趋，如果亦步亦趋地经营，迟早要被自己的竞争对手超越。而中国肯德基在百胜集团的地位和重要性日益凸显，也从侧面证明了中国肯德基创新的思路是正确的。

油条是中国传统的早餐品种，因为其酥脆可口且价格便宜，深受广大群众的欢迎，是很多人的早餐首选，但是油条的制作过程有一个缺点——传统的制作工艺要加入明矾，明矾的作用是使油条更加膨松香脆，但是容易造成铝等金属超标，对人的健康有一定的危害，而且如果是小作坊式的操作，往往用料的比例添加显得很随意，都靠制作者日常经验的累积，这不仅影响了食品的口感，而且配料的科学性也不能保证。

为此肯德基改良了中国传统制作工艺。经过近两年的试验，肯德基研发了一种新的油条制作工艺，使用精选植物油，不用添加明矾，仍然能做到油条香脆可口。因为没有了对人体有害的添加剂成分，肯德基特意将之命名为"安心油条"，以区别传统工艺制作的油条，这种带有些自我宣传意味的命名，显示了肯德基对自己工艺的自信态度，安心油条的定价为3元，符合老百姓的消费能力，自2008年推出以后，一直作为肯德基的拳头产品，受到了消费者的欢迎。

其后，肯德基又推出了霜糖油条，这也是一个食品种类创新。在传统工艺中，油条不添加糖分，而肯德基将国外油炸食品的制作工艺引进到中国，效果也很好，中国的消费者也逐渐接受了在香脆的油条外，裹上一层薄薄的糖霜，这样，油条在香脆的基础上，增加了绵甜的口感，深受青少年的喜爱。

肯德基趁热打铁，又推出了安心油条的电视广告，在广告中，一个小男孩早晨起床，忽然发现自己要迟到了，于是飞快地穿衣、洗漱，然后来到爸爸妈妈面前，告诉他们自己要出去吃早点，想买点油条。这时候，家长的脸色呈现出复杂的表情，因为在他们的心目中，油条属于高油脂的食品，他们对孩子吃油条有些担心。这时候，聪明的孩子赶忙解释，自己想买的并不是普通的油条，而是去肯德基餐厅购买"安心油条"。顿时，家长都松了一口气。然后，屏幕上适时地推出了安心油条的实物。一切尽在不言中，这则广告聪明地运用了侧面营销的手段，利用两代人对新旧两种油条的反应对比，在肯德基安心油条上达成了一致意见，来凸显安心油条的营养价值和食品安全理念。

中国肯德基重视本土化产品研发由来已久，无论是食品品种与口味，还是营养与习惯搭配，都会尽量贴近中国的国情。在中国，与西方甚至与邻国的早餐习惯都不同。中国人讲究养生之道，一天之计在于晨，早晨正是万物苏醒之际，只能温润进食，所以花样繁多的各式粥与营养丰富的早点，是一组绝妙的搭配，这样才能体现万物调和之道。肯德基显然抓住了中国文化的精髓，所研发的安心油条，搭配先前推出的粥点，形成了奇妙的中国式的组合，餐饮结构更趋合理。

另外，肯德基对消费者的消费心理做了深入的研究。比如，早餐时间，常来肯德基就餐的一般都是不习惯在家做早饭的群体，这类人往往不太注重所谓的口感醇正，但是对充满创意的食品搭配很感兴趣。于是肯德基的服务员往往向顾客推荐各式充满想象力的食品搭配模式，比如，除了传统的豆浆加油条之外，还有牛奶、咖啡和奶茶等西式热饮与安心油条的搭配，这种本来风马牛不相及的搭配，反响却出乎意料的好，年轻人觉得够酷，中老年朋友也厌倦了一成不变的食品搭配，乐意偶尔尝尝鲜。

一根小小的油条，却带来如此大的收益，显然我们在赞叹肯德基的创意的同时，还应该看到，肯德基无限创意文化的精髓在于，将传统文化与西方文化结合起来，不固守原有的思维模式，而是与时俱进，将传统的饮食健康理念与新时代的高科技手段结合起来，走上了一条混合经济，追求产品背后高附加值的道路。其实，一根小小的油条，并不能带来什么大收益，肯德基做到的，是将健康的理念和传统的养生之道结合起来，掀起了一场"油条的革命"，这也是健康生活的起点。

不见得每一粒种子都能落地开花，一定是那些适应生存环境的种子才能破土而出，再在成长中不断自我调整，增强自己的适应能力，才能最终迎来满树繁花。

第三节　疯狂的烧饼

> 什么是路？就是从没路的地方践踏出来的，从只有荆棘的地方开辟出来的。
>
> ——鲁迅

肯德基推出了中西合璧的早餐品种——法风烧饼。这款产品可谓创意无限，长方形的表皮洒满了喷香的芝麻，54层酥皮是经过层层复杂的手工擀压之后的杰作。做法类似于中国的肉夹馍或火烧，而里面的馅料确是十足的洋口味儿，烟熏鸡腿肉和培根煎蛋两种口味可供消费者选择。然后搭配上经典的生菜细丝，营养搭配均衡，口感酥脆无比，一经推出就深受消费者的喜爱。

有人根据法风烧饼的读音，按照谐音和方言，将之戏称为"发疯烧饼"。

法式风格与中国烧饼，看似不搭界的两个食品种类，被肯德基杂糅在一起，确实够疯狂的。从1987年进入中国市场开始，肯德基一直秉承着"立足中国，融入生活"的理念。20多年来，肯德基并不想将大洋彼岸的美食原封不动地搬到古老的中国，而是采用了本土化"私人定制"的方式，创新各种食品类型，从老北京鸡肉卷到鲜虾春卷，再到各款花式粥、安心油条等，而另类美味的法风烧饼，无疑是肯德基在本土化的道路上又出的一招妙棋。

肯德基为了推广法风烧饼，接二连三地举办多个充满创意的疯狂活动，他们首先在网络论坛上寻找"烧饼狂人"和"烧饼猜想"，让网友先行猜想还未上市的法风烧饼的形状与口味，最接近的猜想将会获得肯德基派送的大奖。这种猜谜游戏激起了网友极大的好奇心，经过近半个月的疯狂猜想，吊起了网友的兴趣与胃口，仅仅在安徽合肥，就有近百万网友参与这次活动。等到半个月后，法风烧饼正式上市，揭开庐山真面目的时候，大家的猜测和等待瞬间达到了高潮，早在"法风烧饼"面世之前，大家就开始设想这种疯狂烧饼的形状，但就算是最疯狂的想法，都不会想到烧饼竟然可以这种形状——长方形的表皮，开口处撒满芝麻，口味独特、香脆爽口。网友们对法风烧饼赞不绝口，一致要求肯德基将这种疯狂继续下去。

于是肯德基趁热打铁，开始了"法风烧饼"疯狂释放活动，目标人群是肯德基的消费主力——都市白领群体，这次活动一共设立了4个板块，分别是上班、下班、头脑风暴、网络情缘，以现场展示白领的生活与工作状态，陪伴都市白领将所有的紧张和压力统统释放出来，与法风烧饼一起度过疯狂的一天。

活动的规则很简单，主办方将法风烧饼做成了几个巨大的模型，然后让参与者在蹦床上蹦跳，能最先触摸到烧饼模型的人，就获得最终的胜利。活动开始了，这些平时不苟言笑的白领，在蹦床上疯狂地跳跃、尖叫，再也没有办公室里各种文件的束缚，更没有所谓的业绩压力，这里是孩子般的儿童乐园，这里是寻找最纯粹快乐的伊甸园。尽管每个人都很狼狈，但是从大家的笑容中可以看出，这次活动让白领们彻底解放了自我，重新回到本真的状态。

有一个参与者意犹未尽地说：

"肯德基法风烧饼的活动，是最简单的释放活动，我们也没有多想，就像这样单纯地玩，已经是很难得的体验了，因为我们白领的生活状态是带着面具生活，每个人都过得麻木而冷漠，根本没有想到这个世界还有另外一种生活状态——转变生活态度，就会获得新的生活状态。"

很多参与活动的消费者，对法风烧饼的口味赞不绝口，认为是中西风格合璧的典范，更有人对法风烧饼的形状发出了感概：

"一直以来，觉得烧饼就应该是圆形的，里边的馅料要么是油盐的，要么是糖的，没想到肯德基竟然做出了方形的烧饼，里面竟然还有培根、鸡蛋，口味自不必说，单是这种创新精神就值得肯定，原来这个世界不仅要有发现美的眼睛，更要有创造美的心灵。"

获得了大家的认可以后，肯德基法风烧饼的疯狂还远远没有结束，他们不仅要带着疯狂达人们在蹦床上蹦蹦跳跳，还要带着他们在蓝天上翱翔，一群疯狂的网友被一个热气球载着，在半空中做出种种"疯狂"的姿势，来表达对法风烧饼的喜爱之情。在蓝天和白云间，放声大喊，夸张地舞蹈，这是一种宣泄的方式，更是一种自由的表达。

与此同时，在重庆天街中庭上演了一场疯狂的红毯秀，这是肯德基举办的"让我们一起疯一把"的大型活动。数十名经过网络投票选出的疯狂达人，开始如明星般走秀表演，以往的红毯秀，都是大明星的舞台，他们穿着奢华的晚礼服，脸上挂着矜持而职业的微笑，旁边的观众是普通的粉丝。这一次，法风烧饼的疯狂活动的主角是平日里最不引人注目的草根一族，他们不仅没有精心打扮，甚至还扔掉了化妆品。在激昂的音乐声中，这些疯狂客以夸张的肢体语言，表达自己对生活的理解。有的网友甚至在红毯上翻滚而过，这些平日里都不敢想也不能做的动作，在肯德基的疯狂红毯秀上却是再自然不过的表现，因为再不疯狂，你就老了。

只要青春还在，就尽情挥洒青春的汗水。

平日里，白领们都聚集在高楼大厦里，被严格规定的职业装包裹着身体，每个人的生活似乎都是一成不变的朝五晚九。而那样特殊的一天，两米宽的红毯就是白领们自己的舞台，没有人会嘲笑任何一个人的疯狂举动，也没有人关心任何一个人的职位或容貌，因为这里的每个人都是平等的，大家疯狂地喊叫，尽情地舞蹈，将内心中最隐秘的疯狂释放出来。

这次红毯秀的压轴表演是一次疯狂的婚礼秀，网友们将肯德基的熏鸡法风烧饼和培根蛋法风烧饼在现场结为良缘，两个口味的法风烧饼，就是最般配的组合，在网友看来，这两种美食，已经不是什么单纯的食物，而是和他们一起疯狂、一起释放的好朋友了。通过这次活动，更多的人认识了肯德基的新品——疯狂的法风烧饼。

有人说这是肯德基一次成功的市场营销策划。不可否认，这次疯狂活动，使法风烧饼的市场辨识度直线上升，但是我们更应该看到这次市场营销创意的巧妙与诚意。肯德基抓住了当下年轻人的思想现状与文化心理，认为越是一成不变的生活，就越是渴望未知的神秘与激情的释放。而这个世界往往是由一个又一个疯狂的念头推动着向前进步的。在肯德基没有推

出法风烧饼之前，有谁会想到，烧饼原来也可以是方形的呢？所以，细细品味法风烧饼的成功，有很多耐人寻味的东西，值得人们好好思考、总结。

疯狂的烧饼大获成功是因为"疯狂"这两个字，人的一生中对"疯狂"有一种向往，因为"疯狂"的另一种解释是——自由。

第四节　跨越封锁线的"诱惑"

一般人总是等待着机会从天而降，而不想努力工作来创造这种机会。当一个人梦想着如何去挣5万镑钱时，一百个人却干脆梦想着5万镑就掉在他们眼前。

——米尔恩

对于美味，很少有人能抵抗，但是能让一种快餐不走"光明"大道而走"地下"通道也并非易事，从这一点上看，这种快餐的魅力可见一斑。当然，有着这种魅力的快餐就是"肯德基"。以肯德基今天的影响，在和平的土地上几乎人人可以轻易买到，所以很多人关注的是肯德基出了什么新产品，什么时候去尝尝鲜。而这个时候有多少人能想到在那些被战争阴霾笼罩的土地上，能吃到美味的"肯德基"是一件多么不容易的事啊！

巴勒斯坦加沙地带一直是世界上最不太平的地区。以色列与巴勒斯坦两国剪不断理还乱的关系早已把两地的人民困扰得几近崩溃。巴勒斯坦的加沙地区，由于特殊的历史原因，面临着邻国严密的封锁，物质较为匮乏。但是人们很难抵挡住肯德基美食的诱惑，虽然这里没有肯德基门店，但是他们通过各种渠道，将肯德基套餐运送到加沙，让当地人也能品尝到这些美食。

在巴勒斯坦邻国埃及的阿里斯市，有一家肯德基连锁店，这里距离加沙的直线距离不超过10公里，这里也是距离加沙最近的肯德基连锁店。虽然相距"咫尺"，但是一条封锁严密、布满铁丝网的封锁线将加沙地区和外部世界隔绝开来。一方是享受着美食和高速网络的现代世界，一方是物质极度匮乏的落后地区，两者形成了强烈的反差。

巴勒斯坦人从来就没有放弃对自由的追求，这时，肯德基美食与可乐的搭配就被赋予了更多的意义：它们不再是简单的洋快餐，更是与外部文明世界接轨、同步的象征。在加沙南部与埃及接壤的狭长通道，地下挖掘了上千条的走私地道。走

私者不分昼夜地向加沙地区运送各种物资，小到柴米油盐，大到家电摩托，都可以通过这条生命线，源源不断地运送到加沙地区。加沙人将这些狭长幽暗的通道亲切地称为"加沙的血管"，正是靠它们才延续了加沙人的生命。

埃及阿里斯市这家肯德基连锁店的开业，让加沙一家快递公司"亚玛玛"看到了商机，因为有越来越多的加沙人要求快递公司开展代购肯德基套餐业务。随着订单越来越多，他们在日常服务的基础上，迅速地推出了一项新服务——快递肯德基套餐业务。加沙的顾客只要一个电话，快递公司就会以人工"接力"的方式，通过地下通道将肯德基快餐送到家门口。

亚玛玛公司在加沙市做了大量的宣传广告，还充分利用网络资源，在社交网站上宣传这项业务，在他们的广告中，虽然加沙是被封锁的世界，但是肯德基的飘香美味让加沙人也能与世界同步，畅饮可乐，共享美味。

亚玛玛公司先在加沙本市收集订单，然后根据订单的需求，定期向埃及阿里斯市这家肯德基连锁店预订套餐。接下来，他们雇佣埃及出租车司机以最快的速度将套餐送到地下通道的进口，早已经等候在此的加沙员工马上采用手提肩扛的原始方式，通过一个传递一个的人工方式将套餐传递到顾客的手里。这个过程需要几个小时。

顾客拿到这份来之不易的套餐的时候，早已错过了最佳的进餐时间，薯条已经不新鲜了，炸鸡也不酥脆了，但是，每个享用肯德基美食的顾客，都交口称赞这种"慢递"方式的效率和创意。

一个肯德基的全家桶套餐，正常的价格是12美元左右，而经过这种快递方式传输，价格上涨了近两倍，但即使这样，还是没能阻止加沙人享用肯德基美食的愿望。虽然购买者多数是加沙的高收入者，但是已经有越来越多的加沙人加入到了购买肯德基美食的行列中来。

什么能够越过战争的防线？是和平与沟通的需求。肯德基鲜香四溢的味道穿越敏感的战争地带，为人们灰色的生活增添了一丝温馨的亮色。但愿有一天，这些鲜美的食物能在阳光下被所有的人自由随意地品尝。

第五节　美味快速通道

> 一个人想做点事业，非得走自己的路。
> 要开创新路子，最关键的是你会不会自己提
> 出问题，能正确地提出问题就是迈开了创新
> 的第一步。
>
> ——李政道

随着经济的飞速发展，越来越多的城市居民成为有车一族，但随之而来的一个问题是，快餐业如何在这种新形势下，拓展新的业务空间，这也成为肯德基要解决的一个问题。

肯德基的工作人员发现，普通的顾客都是通过城市里星罗棋布的肯德基连锁店排队购买，而有车一族要购买快餐还要多出一道程序——下车、锁车——实在是不够便捷。经过周密的市场调研，肯德基推出了汽车穿梭餐厅模式。

这是一种全新的快餐服务模式，一般将穿梭餐厅的选址定位为繁华的商业圈，因为这里有足够的客源保障，有更多的汽车客户需要此类服务。穿梭餐厅的中间餐厅是按照肯德基标准店的模式设计的，供普通客人用餐。而需要服务的有车一族可以通过"点餐车道入口"把车开到点餐窗口，由营业员隔着窗

口服务。虽然这种模式不像普通门店一样，服务员与顾客的距离很远，但是肯德基丝毫没有放松对服务态度的要求，微笑服务、礼貌用语和点餐流程，一个也不能少。肯德基要求员工将微笑服务透过玻璃窗，传递到顾客的心里。

汽车穿梭餐厅与普通餐厅最大的不同之处，在于环绕餐厅外围设有一条长约百米的汽车穿梭专用车道，最少可以同时容纳七八辆汽车排队购餐。

在穿梭餐厅车道下，设置有专业的感应器，肯德基的服务员会第一时间获得顾客进入肯德基的信息，然后及时与顾客沟通，将快餐行业"迅速、准确、美味"的精神发挥到了极致。从订餐、付款、取餐到离开，只需要3个窗口就可以完成所有的流程，而这一切一般只需要3分钟。

肯德基汽车穿梭餐厅设计的巧妙之处在于，它并没有改变肯德基标准餐厅的原有格局，而是增加了一条汽车专用通道。别小看这个小小的设计，顾客就可以不用迈出汽车，仅仅是摇下车窗就可以享受到方便快捷的服务。肯德基汽车穿梭餐厅的出现，是快餐业紧跟时代发展步伐的一次革命性的转变，不仅细分了消费人群，而且也让传统的快餐业找到了新的增长点。

现在，以肯德基汽车穿梭餐厅为代表的汽车类快餐店已经成为了代表一个城市消费理念先进与否的标志性设施，也代表着一个地区的现代化程度和开放水平。

小小的快餐，竟然能成为一个城市现代化程度的象征，这恐怕连肯德基自己也没有想到。不过，这种无心插柳的现象看似巧合，实际上带给我们很多启示。

比如，现在有一个词很流行——创新，不过很多人将创新理解为另起炉灶，在一个陌生的领域开展工作。实际上，只要肯用心，完全可以做到微创新，肯德基只是在原有餐厅的基础上，加了一个汽车专用通道，就赢得了市场和口碑，真可谓一招妙棋，做到了四两拨千斤。

快速并不意味着草草了事，在肯德基的快餐通道上，人们感受到的是体贴，是善解人意的温情。为他人着想，节约他人的时间，就是对别人最大的尊重，也是对自己最好的回报。

第六节 舞会上的炸鸡花环

> 做出重大发明创造的年轻人，大多是敢于向千年不变的戒规、定律挑战的人，他们做出了大师们认为不可能的事情来，让世人大吃一惊。
>
> ——费尔马

肯德基在产品创新方面，做到了无所不用其极。它将创新的触角伸向了很多看似不可能的领域，比如，你能想象肯德基快餐会和浪漫的舞会有任何联系吗？2014年肯德基就推出了一款新产品，一经上市，很快就成为了舞会的新宠。

欧美的高中生将高中的毕业舞会视为人生中最重要的一个聚会，因为这场舞会，不仅意味着自己的成人仪式，而且还能与心仪的女生大胆表白。所以，每个小伙子都会精心准备这场舞会，穿上笔挺的西装或燕尾服，带着精美的礼物，参加这次高中阶段最后的狂欢。

怎么样才能邀请到平时心仪的女生出席舞会，做自己的舞伴，是这些涉世未深的大男孩最头疼的问题。赠送给女孩的礼物也让他们颇费脑筋，因为礼物不能太名贵，要表达的是自

己的一份心意，而不是比谁更阔气。同样的，礼物还不能太寻常，喜欢浪漫氛围的女孩总是期待自己的男伴，能为这次聚会创造不一样的惊喜。

肯德基的营销部门发现这场舞会蕴含着无限的商机，重要的并不是售出了多少产品，而是在青少年的心中，要逐步树立肯德基的新形象：肯德基快餐并不是仅仅能填饱肚子的、没有多少营养的垃圾食品，而是能随时为你带来惊喜的和很酷的创意。原来，吃也可以吃得有型有款。

肯德基推出了一款全新的产品——鸡块鲜花手环，在黄金鸡块周围点缀上洁白无瑕的满天星，这款产品不仅看上去色彩对比强烈，有很强的视觉冲击效果，而且香味扑鼻，能让舞伴在翩翩起舞的时候，顺便享用美食，可谓一举多得。其实，应该没有人在浪漫的舞会上大快朵颐，但是这个创意足够吸引人的眼球，以低廉的价格，就能让女伴戴上这种独一无二的手环，简直是一件大出风头的事情。肯德基也不失时机地称，这款手环是高中舞会的"终极邀请礼物"，适合送给每一个热爱炸鸡的漂亮姑娘。

一边优雅地跳舞一边享用美食，这不是在开愚人节的玩笑，肯德基快餐连锁店已经和肯塔基州的花卉供应商麦茨与克瑞斯特连锁机构合作，真的推出了一款炸鸡腿手花套餐。

想要给女友惊喜的小伙子，可以让机构在毕业舞会前送货

和创造世界名牌的人

肯德基——小厨房里的大世界

一起放飞梦想

Let the dream fly

上门。不过，如果你以为送到你家门口的礼盒，里面装的是放在鲜花上的一块炸鸡，那你就错了。花店送来的手花会是一个素雅的满天星花环，以及一张价值5美元的肯德基代金券。肯德基的做法很聪明，他们卖的不是一个鸡块，而是对顾客选择权的尊重，你可以选择不同风味的炸鸡来搭配装饰你的手环，目前来讲，有3款产品可供选择：原味吮指鸡、劲脆鸡腿，还有肯塔基烤鸡腿。

肯德基决定将这个很酷的创意推向极致，肯德基在官网上宣布，这款鸡块手环是限量发售，每份售价20美元，但是只有100位幸运的顾客能得到它。这种饥饿营销模式果然奏效，黄金鸡块鲜花手环已经成了欧美青少年的时尚新宠，大家都以能拥有一款如此别致的礼物为荣。而肯德基的手环广告一经推出，就赢得了近百万的点击率，肯德基又一次以创意取胜，赢得了良好的口碑。

对于一个企业来说，一个简单的创意就会迎来巨大的商机。这种创意有时候是受到一件偶发事件的触动，只要你做一个有心人，生活中到处是机遇。

一天，一个中国人到韩国旅游，在超市买了上百斤的韩国泡菜，渐渐地觉得手勒得生疼，于是就从路边的绿化带上折了一根小树枝。做了一个简单的提手，这样拎起来很方便。不料却被韩国警察罚了50美元。

和创造世界名牌的人一起放飞梦想

他交完罚款，心里觉得很沮丧，罚钱是小，但是给国人丢了脸让他难过。他索性蹲在地上，看着熙熙攘攘的人流，忽然，他心有所悟，来来往往的人群中，提着沉重包裹的人有很多，何不发明一种小提手呢？

回国之后，他试验了多种材料，终于研制出外形精美的小提手，然后成功打入韩国等市场，其中，一次订货会就以每只0.25美元的价格，卖出了120万只方便提手！

这个简单的创意，让他成为了百万富翁，当有记者请他谈谈致富的感受时，他毫不犹豫地说：

"我今天的一点点成绩，其实来自于那根价值50美元的树枝。"

是啊，机遇就像一根树枝，它本身并没有好和坏的区分，但是如果能在一根小小的树枝、一个小小的手环上下足功夫，那么，这种看似简单无比的创意就会改变你一生的命运。

第七节　压力法则

> 一个人若能为别人的生命与人道的法则
> 着想，纵使他正在为自己的生命挣扎，并处
> 于极大的压力之下，也不会全无回报的。
>
> ——丘吉尔

肯德基是全球消费者耳熟能详的名字，是全球闻名的美国快餐公司。肯德基的成功，同样也是其人事制度的成功，企业文化的成功。它们不仅为肯德基公司带来了巨大的经济效益，带来了公司规模的飞速发展，更重要的是，它们为全世界的企业创造了一种新的模式，为全社会培养了一批批真正的管理者。

在一系列全新的经营与管理模式中，肯德基对管理层面的员工的薪酬安排随着他们的职位、业绩等变换的内容而有所调整，这是肯德基公司保持长盛不衰的秘诀。

在肯德基，普通员工可能会由于其出色的表现，在刚刚进入企业4个月的时间就升职为实习助理，然后在第6个月后升职为二级助理，第8个月后再次升职为一级助理，最后可能还会有机会担任肯德基公司的经理职位。因为每次工作岗位的调整

必然造成工资收入的变化，所以准确估计一个雇员的年薪是很困难的。一名雇员的工资级别只在几个月内是有效的，以后将会很快提高。一个刚取得文凭的年轻人，在选择工作时往往将不同企业的招聘工资加以比较，而肯德基公司的工资调整制度则有着令人心动的魅力，因为在参加工作仅仅4个月之后，他们的工资就会提高。

在不一样的岗位上的不一样的工资数目，这样的差异会给予员工一种奋斗的动力，如果更努力一些，就可能会被集团领导所器重与赏识，那时候薪资会更高，这样就可以改善自我的生活水平与质量。因此，在肯德基公司一个又一个卓越的年轻的管理人才凸现出来。

在员工薪酬上，肯德基始终都坚持着两项原则，即保持工资在市场上有一定的竞争力，这包括至少每年进行一次薪酬方面的调查，把本公司的薪酬标准和其他相关企业相比较来调整本公司的薪酬策略，使其差距恰恰可以既满足员工们的心理需求，又能激发出更多的创新力量，从而更好地推动其全面发展。更重要的是另一项原则，肯德基倡导员工以自己的工作表现和绩效来实现收入的增加。按工作表现付酬，每年的绩效考核和工资挂钩，这便将压力转化为向上的动力。

肯德基公司每年一度的绩效评估在某种程度上会加重员工们的压力，因为绩效评估的结果不仅影响薪酬的安排发放，还是一种能力上的大致评估与认定。

员工的工作表现被评为"良好"或以上等级，将被考虑加薪或奖励。对于表现不够理想的员工，公司有一个工作表现改进计划。通过这项计划，积极帮助需要改进的员工克服客观的困难，改进工作方法，提高工作效率，减少差错。这样的薪酬制度，能为员工提供一个积极向上的工作氛围，员工能不断自我加压，然后不断提升自我。这便是压力与动力之间的转换，是肯德基公司的薪酬制度所产生的良性循环。

如果员工顺利地当上了经理，除了年薪的增长外，他还能得到各方面的实物好处，比如根据职务不同提供的专用车。这些优厚的福利政策对于每一位员工来说，不仅仅是生活条件、生活水平、生活质量上的改变，也是一种标志，代表着卓绝的能力，代表着集团的一种认可，代表着一种荣耀。这种正面的导引对于其他雇员来说，就是一个目标、一个警示、一个压力、一个动力。如此下去，肯德基整个集团就形成了一种积极进取、乐观向上、勤劳能干的企业文化整体氛围。

有这样一则故事，是压力与动力之间辩证关系的最好注脚。

从前，有一个老船长，在他完成了航海任务返航的时候，忽然遇到了暴风雨，这时候，水手们都惊慌失措，认为这次难逃沉入海底的厄运。只见老船长镇定自若，指挥着大家打

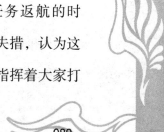

开船舱，让海水灌进货轮。

"真的，我们的船长疯了，要是按照他的命令，我们的船很快就会下沉。"大家都不理解老船长的决定。

不过，奇迹发生了，随着货仓中水位的上升，船也一寸一寸地向下沉，不过，在暴风雨中，货船好像逐渐平稳下来，在暴风雨中巍然屹立，并没有沉没。

在平安返航之后，老船长望着大家感激的眼神，镇静自若地说：

"我知道大家一定不理解，为什么我要做那个疯狂的决定。因为在巨浪面前，负重的巨轮是最安全的，而空仓的轻飘飘的货轮，则是最容易沉没的。"

这就是所谓的"压力效应"。如果一生中毫无压力，那么就像风浪中毫无负载的货轮，早晚会被惊涛骇浪所吞没，压力越大，则越谨小慎微，也越容易激发人的潜能，反而能平安地到达彼岸。压力与动力，就好像是一个人生命中的一对孪生姐妹，我们个体就好像是这对姐妹的父亲或者母亲，我们要协调把握好二者之间的关系，维持姐妹俩的平衡。

人生无需过大的压力，如若因为压力而过早的衰老，身体健康不能保证的话，还谈什么事业与理想？然而又不能失去压力，如果水井里没有一个压力机，哪里会有动力推动地下水涌上地面？如果生命中没有压力，怎么会有动力去支撑着一个人跨越困难，走向成功？

第八节　爱的承诺

> 爱别人，也被别人爱，这就是一切，这
> 就是宇宙的法则。为了爱，我们才存在。有
> 爱慰藉的人，无惧于任何事物，任何人。
>
> ——彭沙尔

　　肯德基是全球快餐业的翘楚，在员工培训方面，也走在了行业的前列。从肯德基餐厅的工作人员走进应聘工作室的一瞬间开始，从一个一无所知的菜鸟到一个能胜任各个环节的资深员工，肯德基规定要经过近200小时的严格业务培训。不过，在肯德基内部，这并不叫培训时间，而是爱的教育的时间，要求每名员工都兑现自己在加入肯德基的时候所发出的庄严承诺：爱肯德基，也爱每一个光临肯德基的客人。

　　肯德基餐厅的员工说：

　　"不管你是否最终留下来，你都会在肯德基学到一生都受用不尽的良好品质，比如，追求细节完美的职业素养，讲究分

工协作的团队精神、勤勉认真的工作态度……"有人将之戏称为肯德基员工培训的"七种武器"。

肯德基的员工培训也不仅仅局限于初进公司的员工，无论是临时工还是餐厅高管，都有自己的学习和培训计划，肯德基的理念是：终身服务、终身学习。一个优秀的餐厅经理，至少需要近500小时的业务培训。以每天一个小时的业务培训量计算，一个经理的培养，至少需要一年多的历练。

每天早晨，迎着晨曦首先上岗的，往往是以身作则的餐厅经理，他们要关注的事项多达二十几项，大到店内卫生，小到店员仪容，都是经理关注的重点，甚至连员工脸上一丝不易察觉的异常神情，也逃不过经理关切的眼神，他都要上前关切地询问具体情况。肯德基的原则是：不能将个人生活中的情绪带到工作中来，因为自踏进店门的那一刻起，员工已经不仅仅代表自己，而是肯德基大家庭的一个重要组成部分。

肯德基历来重视激励文化，当员工身上出现问题的时候，首先自省的是经理，因为他没有及时发现问题的萌芽，而肯德基内部则把员工的问题叫作"成长的机会点"，意思是每个人都会犯错，但是拥有了成长机会点，就让自己有了更加进步的阶梯。

在肯德基，其实也没有所谓上下级的界限，总部的高管也会出现在一个餐厅，做点餐或端盘子的服务员，你可能前一刻还是办公室里西装革履的白领高管，下一刻就穿上普通员工的制服，来到第一线，与普通员工一起劳动。肯德基的员工都很喜欢高管的现场办公，因为这样他们会觉得自己的工作也是有价值的，繁忙而琐碎的劳动，也是在为公司创造价值。

肯德基的全球总裁诺瓦克就经常脱下西装，来到肯德基的普通餐厅，与员工们一起工作。每年他还会亲自书写几千份的信函，以表彰那些在一线勤勉工作的员工，在信函的末尾，诺瓦克还不忘在自己的签名后面画上一个顽皮的笑脸。总裁都如此亲民，自然上行下效。在肯德基，实行平行化管理，大家都像一个家庭里的兄弟姐妹一样，共同经营着家庭，可以随时提出批评意见，每个人都能直言不讳地指出近期工作中的得与失。每当员工生日的时候，餐厅往往会送上特别的礼物，或许是写满了同事祝福的小卡片，或许是一首饱含着同事真情的歌曲，这种满含真情的举动，让每个员工都颇为感动，真正体会到了人与人之间的尊重与信任，更体会到了爱的力量和团队的力量。

2005年春天，来自中国南京的两名餐厅经理潘海霞、许斌及他们的家人，受到了肯德基总部前所未有的礼遇，他们被邀请赴美接受一年一度的"全球冠军俱乐部"大奖。让两位经理没有想到的是，这次接待是元首级别的最高礼遇，他们像好莱坞明星一样，走红地毯，接受同行与围观者的欢呼致意，公司的全球总裁亲自到场，进行嘉奖与勉励。

除了对员工进行"爱的教育"之外，肯德基也将爱的力量传递给了消费者。

根据科学研究，不同节奏的音乐会对顾客的用餐产生不同的影响，节奏欢快的音乐会让顾客用餐心情愉悦，速度加快；而节奏舒缓的音乐，又能让顾客全身心地放松，肯德基在不同的营业时间段，会选择不同的音乐作为背景音乐循环播放，这些以爱为主题的轻音乐，好像是一淙淙清冽的溪流，让顾客有沐浴在爱的怀抱里的亲切自然之感。

俗话说，孩子是一个国家的未来，而孩子的生日，则是他们迈向成人的一个个进步的阶梯。很多商家也会针对顾客的生日进行特殊营销，而肯德基并没有单纯地将顾客的生日作为盈利的手段和营销策略，而是真心实意地为孩子着想，以儿童的视角营造欢乐的氛围。

除了有专业的主持人调节气氛外，还准备了很多小礼物，带给孩子真正的欢乐。在肯德基的信息库里，保存着前来登记的孩子们的生日信息，每当他们在生日当天来到肯德基的时候，服务员都会准确地叫出孩子的名字，体现了一种尊重。孩子在自己的生日当天，能得到陌生人的祝福，对肯德基的好感自然倍增。

肯德基公司一直在强调：我们卖的并不仅仅是一款产

品，而是在经营一种文化。的确是这样，肯德基将企业文化定位为人文精神，其中，这种爱的教育、爱的力量的传递，就是对肯德基企业精神的最佳诠释。

有一则故事，在美国得克萨斯州，一个暴风雪之夜，一个名叫克里茨的年轻人被困在荒野，汽车抛锚，方圆几十里都没有人烟。这时，一个骑马的牛仔经过此地，二话不说就把克里茨带进了城里。当克里茨表示感谢的时候，牛仔摆了摆手说："你不需要感谢我，但是我希望你能给我一个承诺，当别人有困难的时候，你要伸出援手。"

克里茨将牛仔的话牢牢地记在心里，后来，他帮助了很多人，也将牛仔的话传递给很多人。

很多年后，有一次克里茨被洪水围困了，这时一个少年勇敢地将他救了出来。当克里茨表示感谢的时候，那个少年说出了一句熟悉的话："你不需要感谢我，但是我希望……"

克里茨的心中升起了一股暖流，他忽然心有所悟：其实，我们来到这个世界上，都是爱心链条中的一环，我们活着的目的，就是要将这句爱的承诺永远传递下去。

肯德基对员工进行的爱的教育，也如克里茨所领悟的那样，正义和爱心，是最富感染力的情感，肯德基的目标很简单，希望每一位光临肯德基的客人，都能体会到肯德基服务的真诚与热情，也把这种爱的力量传递下去。

第九节　人性化服务

> 我的人生哲学是工作，我要提示大自然的奥秘，并以此为人类造福。我们在世的短暂一生中，我不知道还有什么比这种服务更好的了。
>
> ——爱迪生

在世界知名品牌的快捷餐饮领域中，肯德基可称为当之无愧的榜样型集团标兵，其在全球范围内受欢迎的程度是一般快餐企业无法企及的。那么在知名品牌和一般企业之间，相差的品牌力是怎样形成和塑造的呢？

品牌力来源于点点滴滴的细节积累，卓越品牌的竞争往往也是细节的竞争，当你和对手都做到99分的时候，只要你多付出一分努力，把细节做完美，那么胜利就属于你了。塑造品牌，从细节做起！而这种细节如何如一缕春风般，被广大消费者所体会并称赞其温暖舒适呢？那便是在其企业经营过程中多一些人性化服务。

所谓人性化服务，即"以人为本"。多站在消费者的角度思考问题，不断提高服务质量，以此来赢得广大消费者的青睐。

"服务七步曲"是肯德基餐厅对顾客"以人为本"的具体要求与做法。所谓"服务七步曲"，就是在肯德基餐厅中，从顾客开始点餐到顾客拿到食品，服务人员的整个服务要遵循标准化的服务程序。

首先，就是文明礼貌用语的使用，在肯德基餐厅，顾客从进门开始就可以接收到来自服务人员礼貌真诚的服务。"欢迎光临肯德基"，从一开始，这句礼貌用语就给人一种被重视的感觉。顾客结束用餐离开餐厅时，服务人员还会真诚亲切地道一声"谢谢，欢迎再次光临""祝您愉快"等话语。这些礼貌用语看似简单，不值一提，可是作为它的接受者来说，在就餐的过程中收获到的不仅仅是美味的食物，更多的是一种舒坦愉悦的心情。

微笑，是人与人之间更好地进行沟通的桥梁纽带。微笑是不需要成本的，肯德基员工热情洋溢的微笑，让前来就餐的顾客们感到亲切。

在肯德基餐厅，服务人员的服务特点除了必要的礼貌用语之外，其与顾客进行交流所采用的语言更让人倍感亲切与真诚。比方说，当顾客对于多种套餐选择不知所措的时候，服务员会说："最近我们推出了×××，您要不要试一试？"这样的对话方式，一方面有助于解决顾客点餐的矛盾心理，另一方面还体现了快餐文化中"好东西与好朋友分享"的快乐分享的文化理念。

肯德基的服务人员出于对顾客充分的尊重，他们在提供服务给面前的顾客的时候，会双目微笑着注视着顾客，表现出来的不仅仅是一种亲切友好的服务态度，还有一种愿意为顾客服务的耐心。肯德基的服务人员在将点餐移交给顾客之前，一般会复述一遍顾客所选购的食品与数量，以免出现错误，这是对顾客的一种认真负责的态度，如果发现错误，服务人员可立即进行更正。

迅速包装，准确无误，当顾客要求打包外带时，工作人员会将所有商品依照种类与多少分装在不同的纸袋中，关怀入微。这种关注细节的服务方式与态度，让广大消费者不得不爱上这样的餐厅，这样的服务。这种人性化的服务，在无形中就已经形成了肯德基的良好的口碑，良好的社会反响，一种诚恳细心的企业形象便树立了起来。

肯德基在不同的时间段，还以轻松舒缓的背景音乐营造不同的氛围，给顾客以不同的情感体验，让顾客爱上餐厅，爱上这种具有人性化服务的快餐文化。

以人为本，是一种崇高的价值理念，肯德基快餐集团所秉承着的人性化服务的快餐文化理念，是推动其成为全球知名品牌的重要因素。

第十节　细节成就品牌

> 把每一件简单的事做好就是不简单，把
> 每一件平凡的事做好就是不平凡。
>
> ——张瑞敏

老子说："天下难事，必做于易；天下大事，必做于细。"老子所要强调的就是细节的不可忽视的巨大作用。

纵观商界，品牌的影响已经是企业的一种无形的资产，在某种程度上来说，品牌所发挥的促进消费的作用远远要高于其他硬件必备素质。那么，拥有全球巨大影响力的品牌效应的创立与其成就的获得是与企业经营者对细节的关注度成正比的。

有句话说得好，细节决定成败。它的存在，固有它的道理。那么品牌形象的成功塑造与经济效益的进一步获取，需要企业经营者对细节的关注。

从肯德基的经营方式与理念，我们可以看出细节对于品牌成功塑造的重要作用。

肯德基为了确保汉堡包的鲜美可口，在细节上下足了功夫，精益求精到了近乎苛求的程度。

比如说，汉堡包的直径都有严格的限定，因为这个尺寸的汉堡入口的方式最舒服，既可以让顾客在短时间内填饱肚子，又可以保持一种优雅的气质。

汉堡包从制作到出炉时间严格控制在5分钟，汉堡包出炉后超过10分钟，薯条炸好后超过7分钟，一律不准再卖给顾客。这些种种看似严苛的制度规范如果真的如实做到遵守的话，就可以使汉堡包的口味更好，更美味。对于成功品牌的塑造来说，最本质的当然还是要看它的质量，在质量上满足顾客的需求，多从顾客的角度看问题，通过严苛的经营制度的创立，保证其优质的汉堡包生产面向市场，是品牌形象成功塑造的最最关键的一部分，那么，肯德基的确通过严苛的制度规范做到了这一点。

比如说，肯德基食品的品质检查有40多项内容，从不懈怠，甚至连汉堡包饼面上若有人工手压的轻微痕迹，也一律不准出售。

比如说，柜台高度应为一米左右，因为这个高度使绝大多数顾客付账取物时感觉最方便；不让顾客在柜台边等候30秒以上，因为这是人与人对话时产生焦虑的临界点。这些制度是从服务上对企业销售人员一种行为举止上的规定，以保证消费者购物消费的心情的舒适性。对于企业老板来说，顾客就是上帝，要从多个方面去考虑顾客的心情与感受。

在肯德基，从原料供应到产品售出，任何行为都必须遵循严格统一的标准、规程、时间和方法，全球各地的顾客在世界的不同角落、不同时间，都能品尝到品质相同、鲜美可口的美式汉堡。可以说正是这点点滴滴、精益求精的细节打造了肯德基所向披靡的品牌力。

肯德基的精细管理也给我们以深刻的启示：细节成就品牌。

在我国的许多企业并没有看到细节的关键作用，他们认为打造品牌就需要宏伟浩大的战略、一招定乾坤的奇招，他们希望一鸣惊人，一炮走红。诚然，大手笔、大制作、大投入对快速提高品牌知名度确有奇效，然而品牌文化的积淀、品牌美誉度的提升、品牌美好的联想则需要点点滴滴、持之以恒的细节积累。单纯广告狂轰滥炸所建立的品牌知名度，如美丽的肥皂泡，往往会昙花一现，难以长久。

其实，品牌具有百合的娇贵、松柏的长久，它讲究润物无声，它需要细水长流，它拒绝粗莽与浮躁，它青睐坚韧与恒久。品牌的塑造无处不在，产品研发、包装设计、店面陈设、

人员促销、售后服务等，需要我们从企业经营的每一个细节点滴入手。日积月累、精益求精的细节打造，会使品牌滋润心田，打动人心。

例如，海尔品牌在售后服务这一环节上多了一层对细节的关注和在意，在接到客户的来电后，只多说了一句："让您打电话来要求我们服务，一定是我们的产品为您带来了麻烦，真不好意思！"不知感动了多少顾客的心。无数的事例证明，谁更注意细节，谁就会在竞争中更胜一筹，在点点滴滴的细节中积累形成的品牌力才会所向披靡，才会生命长久。除此之外，海尔集团的"星级服务"还包括很多方面，不仅在上门安装、回访、维修等各个环节有严格的制度与质量标准，还细致到上门服务，事先套上一副脚套，安装空调时无尘操作，自带矿泉水，临走把地打扫干净等，海尔集团的服务可谓细致入微。

与之相反，很多企业由于细节上的疏忽，对品牌形象产生了很大的影响。比如通过我国笔记本电脑产业与日本笔记本电脑产业的对比，可以看出，同样的电脑产品，为什么进口品牌强于国产品牌？原因之一在于，日本笔记本电脑后面的螺丝钉都用橡皮套子包起来，而许多国产笔记本电脑的螺丝钉都是裸露的。还有一些国产笔记本电脑由于显示器和键盘之间没有留出足够的空间，导致电脑合起时，键盘贴压在显示器上，在显示器上留下块块痕迹。由此，我们便可看出细节对品牌塑造的影响。

"千里之堤，溃于蚁穴"，有时细节疏忽的破坏力是惊人的，"一顿饭吓跑一个外商""一口痰吐掉一个联营企业"的事实令我们感慨，也让我们深思。

第十一节　选择挑战的勇气

> 异想天开给生活增加了一分不平凡的色彩，这是每一个青年和善感的人所必需的。
>
> ——巴乌斯托夫斯基

如果5年前有人告诉你，能在网上订购肯德基，还能在最短的时间内将热气腾腾的美食送到你的手里，你是不是会觉得这不过是异想天开的幻想？原因很简单，因为肯德基毕竟是全球知名的快餐品牌，只要不出现严重的信任危机，它的声誉足可以让它平稳地走下去，根本不需要推出这样一个激进的送餐服务。

所以，2011年，肯德基推出网上订餐的宅急送业务的时候，很多人都表示不理解，毕竟肯德基的门店在大中城市随处可见，消费者完全可以到餐厅就餐，那么宅急送的意义又在哪里呢？

对此，肯德基自有自己的理解，他们认为：当下的流行文化是宅文化和网络文化，而两者最重要的共同点是，足不出户就可以完成工作、交友、购物等活动。在这个前提下，通过网上订餐活动，就可以最大限度地吸引新新人类，保持对肯德基的关注。在网络时代，占领商业配送的制高点。

在宣传宅急送的过程中，肯德基并没有采用传统媒体的营销方式，而是一切以网络营销的方式，向顾客传递一种理念：宅急送并不是肯德基餐饮服务的补充，在未来，它可能是就餐的主流模式。

肯德基先是以匿名网友的方式，在网络上晒出与肯德基外卖小哥合影的图片，并以微博絮语的方式，自然而然地介绍了肯德基的新服务项目，这种有图有真相的做法，迅速引发网友的追捧与转发。在网络上晒出肯德基的订餐小票，已经成为一种新的时尚潮流。

各种真假难辨的订餐留言纷纷被晒出。比如"来个漂亮秀气的小哥送餐"，再如"请尽快让睫毛修长的小帅哥送餐"，甚至有"请送餐小哥以求婚的样子给我送餐，否则拒付"，等等。这次网上晒肯德基小哥的活动被认为是一次成功的营销活动，因为以往的品牌营销都是权威式的，向顾客灌输企业的经营理念，这次"晒送餐小票"活动并没有什么明星效应，甚至没有宣传口号，但是大众在这种充满调侃的氛围中，接受了宅急送这种新的送餐模式。

肯德基订餐网站的点击量与关注度直线飙升。

肯德基的宅急送业务，在最短的时间内吸引了大众的眼球，草根阶层的参与营销功不可没。他们在自媒体博客与微博、论坛上，以娱乐化的方式扩大品牌的影响力。与传统的营销方式不同，这次宅急送的宣传，并不需要顾客亲自到肯德基门店去体验，而是轻轻点击网络页面，就可以了解宅急送的特点，而肯德基也针对这种情况采取了持续营销的方式，进一步扩大产品的影响力。

肯德基在各大论坛以软文植入的方式宣传宅急送的优点，同时，不断地刊发关于宅急送的文字、图片和视频资料。在一系列宣传攻势下，大众对宅急送已经产生了浓厚的兴趣，都想体验这种全新的配餐方式。

在世界杯期间，宅急送趁势而上，抓住了球迷观赏精彩的足球比赛，急需方便快捷食物的心理，提出了宅急送的新口号——精彩比赛，美味KFC！快餐与足球世界杯，被巧妙地联系在一起，不仅扩大了销量，还进一步巩固了顾客对宅急送的忠诚度。

　　自此，看似不可能成功的新型配餐方式——宅急送，已经在大众的心目中扎下了根。

　　选择挑战，可以有两种结果：一个是在原有的成功之上更上一层楼，一个是由于脚步迈得过大而有所损失。然而，在肯德基追求创新的路上，我们所能看到的是挑战的魅力。选择挑战，或许成功，或许失败，但至少还有一半的成功率。相反，如果不挑战，不冒险，就只有接受庸常的人生与命运。所以，我们说，与其临渊羡鱼，不如退而结网。面对挑战，重要的是走出第一步，然后坚定地走下去……

KFC

第三章 和而不同的哲学

KFC

第一节　后来者居上

> 事业有成，且别以为是"命运"之神
> 为你带来的。"命运"之神本身没有这个力
> 量，而是被"辨别"之神支配的。
>
> ——约翰·多来登

肯德基和麦当劳在各个领域都展开了激烈的竞争。2011年，肯德基的母公司百胜餐饮，与中石化签署协议，百胜公司旗下的诸多餐饮品牌——肯德基、必胜客、东方既白等餐厅将全面入驻中石化全国加油站。这条消息耐人寻味，因为几年前，中石化全国加油站的餐饮合作伙伴是麦当劳。

这是个双赢的战略协议，因为中石化在全国拥有的加油站多达3万多家，而肯德基一下子拥有了诸多门店餐厅，双方合作的潜力巨大，能进一步提升百胜集团的品牌影响力。

这并不是肯德基与中石化的第一次合作。早在2008年，百胜集团就和中石化开展了战略合作，在山东省威海市开设了肯德基汽车穿梭餐厅。百胜中国事业部总裁兼首席运营官朱宗毅说："中石化与百胜集团的最初合作，是单体门店的合作，经过深入了解，我们发现了彼此之间有巨大的合作空间。首先，

我们都是服务机构，具有较强的互补性。其次，我们的多品牌战略也会给中石化带来不同的品牌选择。"

朱宗毅表示，以百胜旗下的肯德基品牌为例，虽然在中石化商圈，但是食品的价格并没有任何变动。

有记者向朱宗毅提出了一个刁钻的问题：

"2006年，麦当劳就和中石化签约，在中石化全国加油站开建'得来速'餐厅，此次又与百胜集团开展合作，请问这意味着什么？"

朱宗毅微微一笑，知道这是个很难回答，又不得不面对的问题。他说：

"中石化与肯德基的合作，并不是具有排他性的协议，百胜集团有多品牌的优势，在服务种类等方面更加灵活。另外，肯德基在全国有超过四千家餐厅，与之相匹配的物流配送也十分便捷。所以，中石化与我们快餐业的合作，无论是肯德基还是其他品牌，对老百姓来说，都是好事，毕竟为大家提供了更多的选择机会。"

朱宗毅的话，是老道的外交辞令，真实的原因是，中石化与肯德基的合作，是对肯德基的品牌效应与盈利能力的肯定。

其实，与中石化的合作，肯德基并不占有先机，早在2006年，麦当劳就与中石化签署了合作协议，并且在第二年就合作建成了北京地区首家"得来速"沙河东加油站店。虽然麦当劳方面宣布对双方的合作表示满意，而"得来速"汽车餐厅也是麦当劳未来在中国发展的业务重点之一，麦当劳在中国已开设了100多家"得来速"餐厅。但是，"得来速"餐厅实行的还是美国模式，在中国多少有些水土不服。

品牌战略研究专家认为，肯德基及其母公司百胜集团在中国市场采取了进攻策略，从收购小肥羊集团到与中石化签署合作协议，都表明肯德基虽然没有抢得战略先机，但是凭借着本土化策略，已经成功地实现了追赶与超越。

有一则寓言：在非洲大草原上，每当朝阳初升的时候，动物们开始了一天忙碌的生活。狮子妈妈教育自己的后代：

"要记住，你要跑得快一些，再快一些，因为你要是跑不过那只最慢的羚羊的话，你就会被活活饿死。"

而在草原的另一头，羚羊妈妈也在教育自己的孩子：

"虽然我们是最弱的，但是也要努力奔跑，因为你要是跑不过速度最快的狮子，那么你就会成为它们的早餐。"

狮子妈妈与羚羊妈妈教育后代的寓言，给我们很多启示，这个世界毕竟充满了各种各样的竞争。无论你走得多远，跑得多快，也要铭记你跑得快，别人或许会跑得更快。只有"驽马十驾，功在不舍"，才能后来者居上。

第二节　善和者生存

美的真谛应该是和谐。这种和谐体现在人身上，就造就了人的美；表现在物上，就造就了物的美；融会在环境中，就造就了环境的美。

——冰心

优惠券，是肯德基为留住客源推出的又一法宝，肯德基将每周一到周五的早餐，优惠到每份6元钱。这些原价十几元的早餐，类型丰富，从豆浆、咖啡到汉堡、油条，还有各式的粥点，能满足人的营养需要，经过肯德基的大幅优惠，使得更多的人愿意来到肯德基享受营养美味的早餐。针对客流量更大的晚餐，肯德基还推出了"买一送一"活动，极大地刺激了消费者的购买热情。

针对智能手机的普及，肯德基优惠券又推出了电子版。这种电子优惠券和传统形式比较，具有巨大的优势，因为它集合了肯德基当季各种优惠套餐，顾客再也不用随身携带一些方片纸张，而且电子优惠券也不需要打印出来，只要你拥有一部能够无线上网的智能手机，点餐的时候直接向服务员出示一下手机界面就可以，十分方便快捷，被称为是最环保的优惠券。

顾客还可以在线刷新优惠券的信息，保证自己的优惠券是最新款的，还支持用电子邮件的方式与顾客的朋友共享肯德基的优惠券。

麦当劳当然也不甘示弱，马上做出反应，很快跟进推出5至6元的早晚特价套餐，不仅如此，还增加了买黑椒汉堡套餐赠送冰淇淋等优惠活动。

我们都知道，价格战永远是一柄双刃剑：一方面，它能迅速地击溃竞争对手，将对手远远地抛在身后；另一方面，实行降价策略又是比较低端的营销方式，因为价格不可能无限制地降下去，毕竟每款产品有最低限度的成本底线。同时，顾客又是极为挑剔和"缺乏忠贞度"的，在同样的款式和价格情况下，很难保证绝对忠诚。

那么价格战将何去何从呢？是将优惠对战进行到底，还是另辟蹊径，走出一条互利互惠的道路？这成为了摆在两个快餐业巨头面前的一道两难选择。我们永远不知道幕后的营销企划是什么，但是在2001年8月，中国的消费者看到了一个令人瞠目结舌的结果：肯德基和麦当劳的优惠券可以"互换"使用。

比如在武汉市，消费者可以拿着麦当劳的优惠券走进肯德基餐厅，只要肯德基也有类似的产品，肯德基就认可这张优惠券，提供相应的优惠服务。这是一招妙棋，将优惠券的作用发

挥到了极致——我们不光认可本店的优惠券，还认可同行的优惠券。随后，麦当劳也宣布："今日起，凡是同行的餐厅优惠券，如果麦当劳有同类的产品，则可在麦当劳餐厅使用。"

其实，虽然主打产品不同，肯德基主要经营炸鸡食品，而麦当劳的主营产品是牛肉汉堡，但是在饮料、薯条、汉堡、鸡块、冰淇淋等领域，两个商家的业务有很多交叉重叠的地方。

这样做的结果，自然是极大地方便了顾客的选择，我们再也不必为去哪家餐厅，带什么样的优惠券发愁了，因为两家餐厅都可以提供相差无几的优质服务。但问题又出现了，这种看似联手推出的便民服务，真的像两家宣传的那样，是"为了让消费者100%满意"吗？尽管两家餐厅都坚决否认这么做是为了打压竞争对手，但是我们可以看出，和而不同的优惠券之争，其实已经进入到更高级的商业营销模式上来，因为允许使用竞争对手的优惠券，实际上就让消费者没有必要去竞争对手的餐厅就餐了，是一种更高明的宣传战术。

但不管怎么说，消费者毕竟得到了实惠，而两家快餐业巨头也避免了无休止的降价优惠带来的行业内耗。因为价格大战也被称为"七伤拳"——杀敌一千，自毁八百。两个行业巨头并不会如街头小贩一样，以挥泪甩卖当作产品营销的噱头，而是走上了和而不同的营销之路。所以，我们说善和者生存。

第三节　文化反击战

> 文化的视野超越机械，文化仇恨着仇恨；文化有一个伟大的激情，追求和美与光明的激情。
>
> ——马大·安诺德

肯德基和麦当劳的竞争，几乎是无处不在的，处处针锋相对。比如如何俘获儿童的心，双方都做足了功课，因为有个众所周知的商业法则——犹太人说，世界上女人和孩子的钱最好赚。

麦当劳推出了玩偶小狗"史努比"，史努比是动漫明星，在全世界有亿万个粉丝，它是查理·布朗养的一条小狗，被称为"世界上最纯真善良的狗"。它被赋予了很多个性化的性格，比如，它是一个有些自闭的天才，总是坐在屋顶，做各式各样的幻想。有时候，它幻想自己是棒球队里的最佳投手，其实它根本没有什么运动天赋；有时候，它又幻想自己能成为一名出色的外科大夫，坚持实现梦想的理由也很简单，因为它喜欢自己的外科医生的一顶帽子，认为它戴起来很酷。它甚至

幻想自己是参加世界大战的飞行员，与自己的死敌红色男爵在空中来一场生死大战。

史努比是一只充满了人情味的小狗，它爱吃的饼干与冰淇淋，恰好与麦当劳的主打产品一致，而它崇尚运动万能的精神，以及屡次投稿不中，却屡次振作的永不言败的精神，都得到了小朋友的喜爱，这只略带些忧郁的小狗，爱幻想，爱运动，又总是惹麻烦，正与青春期的少年心理相契合。

为了迎战麦当劳的玩具攻势，肯德基推出了16款穿着世界各地民族服装的山德士上校玩偶。麦当劳走的是一只幻想的小狗的励志路线，而肯德基则希望用民族服饰的方式获得世界各地消费者的认同。

但是，显然麦当劳的励志路线更能俘获孩子的心，麦当劳再接再厉，以各种玩偶来吸引孩子们走进麦当劳，更借助香港回归、全家参观麦当劳等方式抓住人心。他们甚至请来了歌神、同时也是居家好男人的代表——张学友助阵，极力营造麦当劳的欢乐家庭聚餐的氛围。

2001年伊始，麦当劳甚至推出了"中国娃娃"作为形象大使，穿着中国的传统服装，给大家作揖拜年。憨态可掬、喜气洋洋的中国娃娃，很快赢得了消费者的喜爱和认同，相比之下，曾经是麦当劳当仁不让主角的麦当劳叔叔，则甘心退居幕后，成为中国娃娃的配角和玩伴。

麦当劳的广告宣传很有中国特色，牢牢地抓住了本土化的特点，具有浓郁的中国文化元素。反观肯德基的广告策划，并没有及时更新，显得有些老旧，还是不断地宣传独家配制的秘方，和本土化策略并不搭界。虽然肯德基与麦当劳一样，都是以动画片和玩偶作为吸引孩子的手段，但是山德士上校的形象毕竟从年龄上与孩子有一定的差距，很难引起孩子的共鸣，肯德基自然处处落了下风。

肯德基中国事业部认为，肯德基要想绝地反击，必须从文化的高度认识广告宣传的选材和创意。肯德基决定采用老对策——跟随战术。对肯德基来说，这种策略一直很奏效，比如，在产品设计上，凸显中国特色，肯德基的一款很受欢迎的汤食——"芙蓉鲜蔬汤"，很能代表肯德基的中国化策略，它的主料是时新菜蔬、香菇、胡萝卜、蛋花等，已经完全看不出洋快餐的痕迹，变成了地道的中国味儿。

餐厅的选址上，当麦当劳耗费了大量的人力物力，终于选定了一个商圈店址的时候，肯德基会马上跟进，虽然要承受租金上涨的风险，但是省去了商业价值评估等多个繁琐的流程，可谓是一举多得的手段。

小获成功后，肯德基又开始大打亲情牌。2002年，肯德基推出了富于创意的"家庭套餐"，并在各大媒体宣传。因为家庭套餐价格合算，营养美味，所以爷爷奶奶、爸爸妈妈都会不

约而同地买了套餐，然后就是全家人其乐融融的聚餐场景，整个广告洋溢着中国文化所倡导的家和万事兴的传统理念。家庭套餐一经推出，反响十分热烈。紧接着，肯德基使出了价格战这个杀手锏，将热销的家庭套餐立降13元，从55元降为42元又进一步地收复了"失地"。

与此同时，肯德基还不忘揶揄一下自己的老对手，他利用半版的篇幅，刊登了一则广告——"东施效颦"，针对麦当劳在广告宣传中的"中国牌"，肯德基广告的主题是：想做第二个西施可能吗？暗指自己才是唯一正宗的炸鸡领导品牌，而画面上忸怩作态的东施，让人自然而然地联想起肯德基的竞争对手。这则广告含蓄而幽默，让人忍俊不禁的同时，也不得不佩服肯德基广宣部门的天才创意。

肯德基不仅在产品的宣传企划上大打中国牌，还在餐厅的内部装修上做足了文章。比如肯德基前门店，是中国肯德基的旗舰店，也是一张独特的文化名片。

古朴庄重的青砖碧瓦，青灰色系的装修风格，透露着浓郁的历史感和文化积淀。木质的窗棂和雄伟的万里长城壁画，都是典型的中国符号，很难有人将这一装修风格和洋快餐联系在一起。肯德基将中西文化巧妙地结合在了一起，他们认为，门店的装饰，也是企业形象宣传和产品服务的重要一环，因为所谓的快餐，并不是将食品递给消费者就了事，真正的服务，其实应该从这一刻才刚刚开始，顾客的就餐环境好坏，直接影响就餐的心情。如果能让消费者在就餐的时候，感受到一种文化的沉淀和熏陶，就是企业文化宣传的至高境界了。

肯德基将石狮子摆放在门店门口，让顾客从一进门就感受到中国文化的气息，墙壁上的装饰物也古香古色，珍贵的北京老胡同黑白照片、憨态可掬的无锡大阿福、惟妙惟肖的天津泥人张泥塑、古朴夸张的陕西皮影、轻灵展翅的潍坊风筝……这里简直是中国的历史与民俗的博物展览。在这样的环境下就餐，就是一次精神与身体的双重享受，可以发思古之幽情，可以品尝美食，也可以品鉴文化艺术珍玩。肯德基的这种本土化策略，实际上也是在全球化与本土化之间寻求一种平衡的生态关系，既可以发扬跨国集团的全球化采购优势，又能够利用本土的历史文化资源，提升文化品位。

第四节　无招胜有招

> 重复别人所说的话，只需要教育；而要
> 挑战别人所说的话，则需要头脑。
>
> ——玛丽·佩蒂博恩·普尔

肯德基广告之所以大获成功，与产品的营销相得益彰，这主要得力于他们紧紧抓住了一个理念：家庭是社会结构中最重要的细胞，而饮食文化又是家庭文化的重要组成部分。

肯德基最初的广告创意，强化了家庭的概念，传递给消费者的信息是：来到肯德基就会拥有家的感觉，这里是爱的港湾，是休闲的最佳选择，无论是温馨的灯光，还是在餐桌前等候的白发老人，以及热气腾腾的肯德基美食，都在向消费者诉说着家的温暖和爱的渴望。

有意思的是，肯德基与麦当劳的广告好像有了某种默契一样，都在相同时段投放自己的广告，两家快餐巨头之间的广告大战十分耐人寻味。他们的用意也很简单，一方面，都不希望在各自的宣传大战中败下阵来，同时，两方的对决也会带来更多的收视看点，吸引消费者的眼球。

比如，麦当劳率先在电视上播放了一则广告，一群青年在享用麦当劳的麦辣鸡翅，与此同时，节奏强劲的背景音乐适时响起，随着灵动欢快的节奏，青年人在翩翩起舞，这则广告暗示大家，选择麦当劳就意味着选择了年青时尚的新生活。

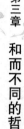

这时，肯德基的宣传企划人员也在紧张地忙碌着，他们早就注意到了这则广告。但是，想模仿对手的创意很容易，无非是色彩更艳丽，模特选择更多的俊男靓女就行了，难题在于，如何超越对手，体现肯德基自身独有的价值。

肯德基推出的广告可谓别出心裁，他们没有按照套路出牌，而是以朴素的文字说明，带给消费者无尽的遐想：我们有70多年的炸鸡经验，我们有独特的神秘配方，这一切，是不是可以随便被克隆？在各大电视台和主流报纸上，肯德基的新广告铺天盖地，话语不多又意味深长，暗示麦当劳不过是新创意的模仿者，而肯德基的口味才是正宗的味道，有着几十年的历史沉淀，是消费者的最佳选择。

肯德基的策略可谓巧妙之极，以无招胜有招。

从前，一个国王垂垂老矣，知道自己将要不久于人世了，他想选择一个最聪明的继承人，于是将两个儿子叫到了眼前，给他们出了一道难题："你们中最聪明的那一个将继承我的王位，我给你们两匹马，你们在清晨分别骑着马到山涧边取一壶清泉，记住，谁的马走得慢，谁就是最后的胜利者，也会拥有整个王国。"这确实是一个难题，因为比赛谁更快，可以

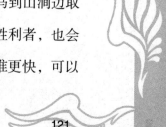

通过努力来获得胜利，但是比赛谁更慢，则很难做到。

于是，老大出发了，他想用自己慢吞吞的速度来赢得胜利，他还是寻常的思维，但是这么做的缺点显而易见，因为他的对手只要比他更慢就可以了。老大的胜算很小。

老二也出发了，不过他并不急于超越哥哥，而是思考着对策。他忽然发现了父亲出的难题的症结所在，如果以惯常的思维判断，肯定是自己要努力更慢些，但是老二发现，如果换个角度，就会轻易地破解父亲的难题，因为父亲交代的并不是谁最慢，而是谁的马最慢。于是他拼命追上哥哥，将他从马上拉下来，然后骑着哥哥的马扬长而去，结果，自然是自己的马最慢到达，而老二也赢得了王位。

从这则故事中，我们可以得到很多启示，解决问题需要创造性的思维和方法，而不是墨守成规，这样才能跳出惯常思维和狭窄思维的束缚，取得事半功倍的结果。肯德基在与对手的竞争中，采用了跟随战术，就是这种创造思维的具体应用，先是静观其变，然后找出对手的破绽，然后才能跳出思维的藩篱，迈向成功的彼岸。

第五节 世界杯的逻辑题

> 当人们问及我哪一个进球是最精彩、漂
> 亮的，我的回答是：下一个！
>
> ——贝利

每四年一次的世界杯足球赛，不仅是绿茵场上的豪门盛宴，更是全球最受关注的体育赛事之一，影响力巨大。世界杯也成为商家的必争之地，纷纷投入巨资进行广告宣传。

2002年世界杯，对中国球迷来说有着特殊的意义，中国足球队历史上首次冲出亚洲，杀进世界杯决赛阶段比赛，这是一件举国欢庆的大喜事，诸多商家也看到了其中孕育的无限商机。自然，作为快餐业的两大巨头肯德基和麦当劳，也频繁推出系列活动，借此良机，推销自己的产品。

麦当劳开展了声势浩大的全国性的抽奖活动，名为"世界杯之旅"幸运大抽奖。凡是光临麦当劳的顾客，只要购买了任意一款麦当劳超值套餐，就有机会赢取幸运大奖，赢得赴韩国为国足摇旗呐喊的机会。有400名幸运者最后胜出，成为麦当劳助威团的一员。

麦当劳的活动已经赢得了先机，如果肯德基再在球迷身上

做文章，就会失去活动的轰动效应。于是，肯德基与百事集团将活动的主题集中到了球星上面，因为麦当劳的活动，获得助威团幸运大奖的机会毕竟是少数，大多数的球迷并不能真正参与世界杯的活动。于是，肯德基的策略是利用明星效应，推出了"百事球星套餐"，只要购买这种套餐，就有机会赢得卡通版的国际球星玩偶。

肯德基的活动策划，并不是仅仅派送玩偶了事，他们将活动定位为全民参与的游戏。世界杯足球赛开赛在即，每个人的心目中都有一套世界杯最佳阵容的人选，于是，肯德基就向顾客宣传"世界杯梦幻阵容"的魅力，每周推出两款卡通国际球星，英国巨星贝克汉姆、意大利门神布冯、巴西战神里瓦尔多，等等，都成为深受消费者喜爱的卡通形象。另外，针对中国队的首次世界杯之旅，肯德基还特意选择了前锋祁宏与铁卫李玮峰的形象，让中国的球迷也体会到世界杯的魅力，参与到这场全球的狂欢盛宴中去。

肯德基在"世界杯大战"中，赢得了胜利，其实是找准了中国球迷与世界杯之间的契合点，找到了消费者与重大活动之间的心理支点。在这场足球豪门盛宴中，中国人除了关注足坛巨星的表现之外，更关注本土球星的表现，因为这样才有一种情感的归属感，国家的荣誉感。

肯德基的做法，被认为是成功地解答了世界杯的逻辑难题。

要想在广告创意中，寻找到大众的情感诉求与共性要求，是一件很难的事情。

有这样一则故事，一家大公司想要招聘优秀的广告创意人才，于是组织了一次大规模的招聘会。主考官在接见完一路过关斩将的广告精英之后说："恭喜你们，获得了最终的胜利，接下来，我们要寻找一个最优秀的创意人才，作为本公司的创意总监，所以大家要回答最后一个问题，有几组数字，请大家说出他们之间的关系。一组是1、3、7、8，第二组是2、4、6，第三组是5、9。"

应聘者绞尽脑汁，纷纷用数学逻辑来解答这道难题，但是套用了诸多公式，都不能回答这个看似很简单的问题。最后，一个女孩举手发言："我也不知道说的对不对，我发现，用数理逻辑来解答问题，是一个死胡同，再说您也没有强调它们之间一定有数理联系，所以我觉得它们之间主要是声调的联系，第一组是一声，剩下两组分别是四声和三声。"

主考官微笑着点了点头，这位有着发散思维的女孩最终获得了公司广告创意高管的职位。

有人问球王贝利：

"你职业生涯中，最满意的进球是哪一个？"

贝利的经典回答是：

"哪一个进球最精彩、漂亮？我的回答是：下一个！"

这样的回答也是一种逻辑求同与求异的思维，记者的本意是让贝利在已有的进球中选择一个，而贝利的回答不仅巧妙地解答了记者的疑问，还透露出永远进取的精神和超越自我的勇气。

第六节 一只鸡翅引发的暗战

> 人生的每一天都在胜负中度过，一切都以竞争形式出现。每天都是为在竞争中取胜，或者至少不败给对方而进行奋斗。因此若有一天懈怠，便要落后，要失败。人生就是这样严峻。
>
> ——大松博文

肯德基和麦当劳是一对欢喜冤家，在全球范围内，都是如影随形的竞争对手。麦当劳是当仁不让的老大哥，他的牛肉巨无霸汉堡行销全世界，但是在中国市场，肯德基的发展却好于麦当劳。有人说，这是中国人的胃帮助了肯德基。因为肯德基的主打产品是鸡肉产品，而中国人酷爱食用鸡肉，所以，肯德基成为了最受中国人欢迎的快餐品牌。

肯德基的看家绝技是炸鸡，麦当劳则以牛肉汉堡闻名于世。两个竞争对手一直恪守着这种行业默契，各安其道，倒也平安无事。但面对中国市场的现状，麦当劳自然不甘心位居人后，推出了麦香鸡和麦辣鸡腿汉堡，也进军肯德基一枝独秀的鸡肉食品市场。鲜嫩的鸡肉裹上炸鸡粉，煎炸至金黄色，再搭配不同口味的调味汁，真是别有一番风味。一经推出，就受到了消费者的疯狂追捧。麦当劳率先打破了这种生态平衡。两款新品"麦辣鸡"和"麦辣鸡腿汉堡"，无论是品牌名称还是调料口味，都和肯德基的当家产品"香辣鸡翅"极为相似。

麦当劳还在电视台大做广告，荧屏上，一群青年男女在品尝热气腾腾的"麦辣鸡翅"，并在连锁店的醒目位置贴上了新品"麦辣鸡翅"大幅宣传招贴。更巧合的是，这款新品的零售价和肯德基"香辣鸡翅"一模一样，都是7元钱。这似乎在向肯德基进行一次无声的挑战，肯德基如何接招？

"战火"已经烧到了家门口，肯德基自然也不甘示弱，他们迅速作出反应，先在优势媒体做足了文章，在电视台的黄金时段进行广告的轮番轰炸。肯德基以一种揶揄的口吻说："谁让我是烹鸡专家？"暗示自己才是烹饪炸鸡的专家，有责任将最好的产品奉献给消费者，而其他的快餐都是可疑的山寨品。

接下来，肯德基又在传统媒介上大做文章，以连续的大篇幅广告，介绍肯德基的辉煌历史，广告词也写得极为高明，他们并没有直接点名竞争对手不过是一个跟风者，而是含蓄地说："我们有独家的神秘配方，还有70年的炸鸡经验，是不是能随便克隆的？"

肯德基的一位负责人说："肯德基的炸鸡是全球统一配方，集半个世纪的烹饪经验，虽然是西式快餐，但口味比较适合中国人，比麦当劳在口味上占了优势。麦当劳咬牙改变自己的汉堡专卖形象，相继推出与肯德基相似的'麦辣鸡'和'鸡肉汉堡'，这不是在克隆肯德基吗？"

快餐市场竞争的"火药味"越来越浓。所以，可以理解的是，一直以香辣鸡翅为主打产品的肯德基，会以如此激烈的态度抱怨自己的产品被别人"克隆"了。

肯德基的绝地反击还远远没有结束，他们在全国范围内，开展了一场为香辣鸡翅正名的活动，肯德基在各大媒体的广告中，特意设计了一个细节：在一个宽敞明亮的房间里，一个衣着整洁的胖厨师指着一只小鸡说：

"翅膀还没长硬呢，就想做炸鸡？"

明眼人都能体会到这则广告背后的潜台词，肯德基在暗讽自己的竞争对手和自己不在一个档次上，自己才是真正的炸鸡专家。后来，肯德基干脆宣称：

"羊可以克隆，难道肯德基也能克隆？"

最后，肯德基又推出了促销活动必杀技——价格战，肯德基在报纸上打出半版的促销广告，来肯德基的顾客，只要持报纸上的折扣券，可以按6.5折的优惠价格买到一对香辣鸡翅，实际支付价格仅为4.5元。价格杠杆的作用还是十分明显的，这招无异于釜底抽薪，吸引了大批顾客来肯德基抢购最正宗的香辣鸡翅。

肯德基面对挑战，做出的一系列反击，都堪称广告营销案例的经典之作。也带给我们很多有益的启示。在生活中，我们总会遇到一些突如其来的挑战，这时候，你该怎样应对呢？

有这样一则经典的选择题：如果有一天，你在街上散步的时候，忽然天降大雨，更不幸的是你手上没有雨伞，这时候你会做出怎样的选择呢？是低着头拼命奔跑呢？还是安步当车、在雨中漫步呢？这两种选择体现了两种人生观，前者的理由很简单，我们既然没有伞，就要快速地跑过去，跑过雨区，或者快点儿回家。而后者的理由也很充分，为什么要跑呢？跑到前面就没有大雨了吗？既然都是在雨中，为什么还要耗尽力气去奔跑呢？

如果你是雨中的行路人，你会做出怎样的选择呢？

其实，雨中奔跑的人代表着一种积极的人生态度，面对困境，即使全身湿透也要努力奔跑，而雨中淡定自若的人代表着一种消极的人生态度，他对被淋湿的处境全盘接受了，对未来的出路也持一种消极避让的态度。也许有人会说，安然若素会让你更容易实现满足感，但是在这个竞争日趋激烈的现实中，我们要做那个在雨中奔跑的人，毕竟，奔跑不仅意味着一种能力，更是一种人生态度，决定着你人生的高度和厚度。

两种选择很难说谁对谁错，都是个体的自由选择，不过可以肯定的是，积极应对的人至少还保存着对未来的希望，而消极退避的人收获的，或许只剩下失望了。

第七节　冰淇淋经济学

> 生活是一个宏伟的竞技场，大家尽可以在那里进行夺取胜利的较量，但必须老老实实地遵守比赛规则。
>
> ——帕斯捷尔纳克

炎炎夏日，如果能有一杯冰淇淋，一定会带来夏日里的清凉。麦当劳率先研发出圆筒冰淇淋，以2元的价格迅速地占领了夏日甜品市场。后来又相继推出了彩虹冰淇淋，将红莓、摩卡、青苹果、葡萄果酱等配料，浇在螺旋上升的奶白色的冰淇淋上面，形成了红、粉、青、紫等彩虹冰淇淋，显得既时尚前卫又充满了清爽气息。

麦当劳的冰淇淋战略初见成效，出行的人们经常会发现一个现象，在麦当劳门口会排起巨龙般的长队，人们都愿意购买物美价廉的彩虹冰淇淋，并顺道在麦当劳享受其他美食。

或许有人说麦当劳在做一种赔本的买卖，因为冰淇淋的成本很高，而麦当劳的定价几乎没有太多的利润可言。但是，殊不知这正是商家的高明之处，因为这种薄利多销的冰淇淋，不仅可以带来丰厚的利润，更重要的是，带动了餐厅其他产品的销量，因为很多顾客在品尝了美味的彩虹冰淇淋之后，也愿意继续逗留在餐厅里，购买其他的产品。

针对麦当劳的夏日冰淇淋攻略，麦当劳的对手肯德基，也推出了一款新品——"脆皮甜筒"，二者不仅外形近似，定价也相同。口味方面有细微的区别，但也不过是一款稍甜，另一款奶油味道更浓一些而已。肯德基的跟随战术，与麦当劳当年推出"麦辣鸡翅"的策略如出一辙。同样的，肯德基的脆皮甜筒也取得了巨大成功。

很多人将创新单纯地理解为自立门户，独立开创一个全新的领域，其实，在餐饮业，并没有多少原创性的发明创造，毕竟经过几千年文明的积淀，人类的烹饪技术已经日臻完善，很难再有新的烹饪方法出现，但是可以在品种搭配和口味调配等方面做文章。于是，肯德基采用的"跟随战略"就显得颇为聪明，因为对手已经将类似的产品打开了销路，在消费者心中已经有了一定的知名度。这时候，如果有一款产品能有同类产品的品质，还能在口味上有自己的独到之处，就能起到事半功倍的效果。

不过，麦当劳对肯德基的"跟随策略"早有防范预案，就在肯德基的脆皮甜筒，刚刚在市场上站稳脚跟的时候，麦当劳突然打出了价格战，试图趁着自己的竞争对手立足未稳，打"脆皮甜筒"一个措手不及。麦当劳突然宣布，将圆筒冰淇淋的价格直降一半，原来2元一只，现在只要1元就可以买到。果然，麦当劳的降价策略收到了奇效，自从麦当劳打出了"1元冰凉价"的广告，"圆筒冰淇淋"的销量直线上升。

针对麦当劳的价格阻击，肯德基也不甘示弱，针锋相对地标出"1元心动价"，不仅如此，还在对方的店面前派发产品的宣传单，就这样，两家餐厅开始了一场没有硝烟的战斗。不过，与炸鸡大战不同的是，这场冰淇淋大战的结果是皆大欢喜，两方争夺得越厉害，冰淇淋的销量就越好，带来的是整整一个夏季的冰淇淋热卖。

往年，冰淇淋销售仅仅是两家快餐业巨头的边缘产品，不为赚取更多的利润，只是赚取人气的一个产品。不过，这年夏天，曾经的"龙套演员"变成了炙手可热的大明星，产品的销售十分火爆，一些餐厅甚至出现了排队排到餐厅之外的盛况。

或许，在消费者眼中，肯德基与麦当劳都是快餐业的巨头，似乎没有必要像街头小贩那样，为争夺一点点地盘而"大打出手"。但是，出乎意料的是，两家的争斗几乎到了寸土必争的程度。为什么两家都有自己的市场份额，还要如此斤斤计较呢？这正是两家快餐业巨头保持长盛不衰的秘诀所在：重要的不是保住自己的市场份额，而是不断地占领竞争对手的市场份额，因为正如沙漠之狐隆美尔所说——最好的防守就是进攻，在竞争中随时保持进攻的状态，恰恰是一个企业积极进取的标志。重要的不是得到什么份额，而是传递一种永不言败的企业精神。

一只小小的冰淇淋，本身并没有什么高昂的利润可言，所以，肯德基与麦当劳的冰淇淋大战，本身并不像是商业利益的竞争，反倒是象征意味更加浓郁。肯德基的跟随策略，就不仅仅是一次"山寨"游戏，而变成了敢于积极应战，不畏打压的奋斗精神！

KFC

第四章　上帝负责创造，
　　　　我们负责美好

KFC

第一节 神秘的51区笑脸

> 一个具有销售力的创意，基本上从未改变过，必须有吸引力与相关性。但是，在广告噪音喧嚣的今天，如果你不能引人注目并获得信任，依然一事无成。
>
> ——李奥贝纳

2006年11月14日，肯德基开启了第五代品牌标识的神秘面纱，但是与其他品牌不同，肯德基的发布会并没有选择在金碧辉煌的会议大厅，而是在内华达州51区荒无人烟的沙漠地带，以一种特殊的方式展现在世人面前。

巨幅的山德士上校的笑脸标识，坐落在世界著名的"不明飞行物之都"——美国内达华州雷切尔地区，这个地区被称为51区。

神秘的51区，一直是诸多不明飞行物爱好者关注的圣地，这里是神秘的军事禁区，空中禁飞区的范围达到方圆40公里，以格鲁姆湖为中心，任何擅自闯入禁飞区的飞行器都会被击落。

51区陆地上也四处林立着"禁止进入、拍照"的警示牌，这里虽然没有围墙，但是仿佛有一股神秘的力量，将任何擅闯者拒之门外。全副武装的警卫24小时不间断地驾车巡逻，向世界各地赶来一探究竟的来访者发出警告，不许拍照、摄像，并要求他们马上离开。

51区恐怕是美国领土上保密级别最高的区域，有各种各样的神秘传言，有人说这里的绿房子是存放外星人遗体的研究室，它附近还保存着1947年坠毁的外星飞船的残骸。有人说这里是美国政府与外星人签署秘密协议的地区，保存着外星人建造的秘密基地，尽管美国政府几十年来一再否认这些阴谋论传闻，指出这里不过是一家普通的飞行基地，但是UFO爱好者根本不相信这些辩解，他们每年5月末都会从世界各地来到51区，举行聚会狂欢。

这个在美国地图上都没有明确标识的地区，是最富于神秘气息的。肯德基将新标识的发布会选择在这个区域举办，显然是一招妙棋，能起到吸引全世界眼球的作用。传播学的定律就是，尽量以神秘的方式吸引大众的注意，而大众往往对神秘未知的事物保持着好奇心，自然也对品牌产生浓厚的兴趣。

肯德基总裁幽默地说："众所周知，这里是一个神秘的所在，大家都说这里是地球人和外星人接触的秘密通道。究竟有没有外星人，我也不能给出一个明确的答案，但是可以肯定的是，肯德基愿意为地球人和外星人提供同样优质的产品服务，如果有一天，我们伟大的宇航员发回了与外星人亲密接触的信息，我们会为他们的伟大会面献上一桶美味可口的吮指原味鸡。"

其实，将第五代标识的发布会选择在第51区举行，并不是最初的选择，而是一次误打误撞的成功案例。最初，肯德基将标识的施工地点选择在美国犹他州首家肯德基餐厅附近，这样的用意显然是为了制造一个噱头，暗示着肯德基历经几十年的发展壮大，要在创业的原点开始新的征程。但是天不遂人愿，正当施工进行到一半的时候，一场突如其来的暴风雨，让施工无法进行下去了，而发布会的日期已经公布于世，无奈之下，肯德基总部只好重新选择发布会的地址。

这时候，再选择一处地址有些来不及了，这是一个意想不到的特殊情况。不过，肯德基总部并没有被困难吓倒，他们又策划了一个新创意：既然肯德基追求的目标是做世界上最好的快餐，肯德基的炸鸡配方也是世界上安保最完善、最神秘的配方，那么我们可以在"神秘"两个字上做文章，在全世界最神秘的地区，揭开新标识的神秘面纱。

于是，肯德基重新组织了设计团队，这个50人的团队除了有外形设计师、建筑工程师以外，还有一些科学家加盟，甚至包括几名天体物理学家。这个团队经过了近百天的构思和创作，终于创造了世界上最大的标识物。

肯德基的新标识物，其实就是一个巨大的拼图，由每个一平方英尺的彩色瓷砖组成，整个工程共耗费了近3万块黑色瓷砖、近1.5万块白色瓷砖、近6000块红色瓷砖，这是一场紧张赶工的施工，工人们24小时倒班施工。与此同时，还要进行保密工作，不能让偶然从空中经过的飞行器发现其中的秘密，以保证在发布会当天能给世界一个惊喜，这恐怕是一个比施工还困难的难题，因为这个巨幅标识足有20个足球场那么大，要想遮住它，困难重重。

好在肯德基以3周时间就完成了这个巨大的山德士上校笑脸，在揭幕当天，面对诸位来宾，肯德基展示了从距离地球300英里的高度拍摄的高清卫星照片，这组照片是由高科技卫星拍摄的，据称是外太空看到的第三个人工建筑，不管这种说法是不是很准确，但至少，肯德基山德士上校的笑脸，成为了全球瞩目的焦点，在神秘的51区，肯德基成为了世界上第一个可以从外太空看到的著名品牌。

第二节　菜单大变脸

> 每一个人都受变化支配着，一旦要度过
> 这变迁的岁月，他的生命便终止了。
>
> ——西塞罗

肯德基已经取得了辉煌的成就，但是他们并没有故步自封，而是不断地创新，肯德基不光要向行业的最高峰进军，还要勇于颠覆传统，超越自我，才能有化蛹为蝶的蜕变。2004年是肯德基事业发展的一个分水岭，在此之前，肯德基还是一个地道的美式快餐，但正是这一年，肯德基制定了立足中国的方针，肯德基开始了求新求变的创新之路。

肯德基推出了菜单大革新活动，这次活动在肯德基的历史上前所未有，在快餐业的历史上也是规模空前的。

众所周知，快餐的种类相对固定，培养了一批忠诚的消费者群体，而菜单变脸是一把双刃剑.一种情况是，不断变革的快餐会给消费者带来新鲜的就餐感受，销量大增；但也存在另一种可能，或许新推出的菜品，并不能满足顾客的要求，会流失大量的客源。

中国百胜总裁苏敬轼，对此有着清醒的认识，他在推介

新菜单的发布会上动情地说："我们预计以后每年不少于一次菜单革新，每次都会推陈出新相当数量的产品……一个好的餐饮品牌要想留住一个人的心，首先要留住他的胃。但仅仅东西好吃还不行，还要有环境、服务，以及品味、文化、内涵，甚至是精神层面的价值观。"针对有记者提出的肯德基的其他创新举动的问题，苏敬轼毫不掩饰他的自豪之情，他雄心万丈地表示："今年还将陆续为大家呈现新的店面设计、新的产品包装、新的服务模式、新的员工制服，以及在数字媒体方面的新尝试，包括APP、电子菜单、预付快取等。"

肯德基此次的"变脸"计划，一下子推出了2款汉堡、3款午餐、4款小吃和6款饮料甜品，共计4大类15款产品。在肯德基新推出的菜单上，顾客还惊喜地发现了5个老朋友的名字——颇有人气但是莫名消失的"劲爆鸡米花"、深受大众喜爱的培根鸡腿燕麦堡、色香味俱佳的金缕虾，等等。

比如，深受白领喜爱的第一代"劲爆鸡米花"曾经风靡全国，鸡米花的肉粒丰满，香脆可口。一直是肯德基旺销的产品，还有香脆美味的"骨肉相连"，都曾经是肯德基的明星产品。不过，或许是烹饪条件的缘故，使得它们都消失了很久，这次集中推出这几款怀旧经典，不仅吸引了来此怀念青春岁月和青涩记忆的顾客，也因为现在改为全年供应，满足了很多饕餮客的需求。

新品甜食也不乏亮点，以往，肯德基的甜品只有甜筒冰淇淋，虽然广受好评，但是品种略显单一。这次新推出了花式冰淇淋，花儿一样的外形，配上甜蜜的调味品，这款色香味俱佳的芋缘花淇淋一经推出，就成为诸多情侣的最爱。很多人说，食用这款产品，找到了初恋的甜蜜记忆。

此外，肯德基在营养搭配和调味设计上也煞费苦心。当今社会，越来越多的人意识到健康饮食的好处，而商家为了招徕顾客，往往在口味上大做文章，很多餐厅推出了超麻超辣的重口味食品。而肯德基则认为，将来的社会必定不能是一种口味独霸天下，而应该提倡"轻饮食文化"。于是他们推出了口味微辣的楚味烤翅，苹果气泡饮料等以微汽水的招牌，吸引了很多顾客，而针对青年人健康饮食推出的脆鸡八分堡，则将肯德基的健康饮食理念发挥到了极致。肯德基反市场潮流推出的"小、微、轻"口味食品，获得了巨大的成功。

肯德基中国品牌总经理韩骥麟说，经过大幅度地更新换代，肯德基的菜单上，食品家族的种类已经达到了66种。

韩骥麟还透露了菜单大变脸背后的一些不为人知的经历。举一个例子，在消费者看来，菜单的变化似乎是很容易且顺理成章的事，但是一个新品的推出，并不是一蹴而就的，从产品创意的提出，到奉献给消费者，这中间需要经历多个环节，每个环节如果不能满足条件，都不会成功。比如，肯德基必须要考虑食品原料的供给问题，以及制作流程的标准化设计等诸多现实难题。肯德基这次的华丽转身，凝聚了研发、采购、营运、宣传企划等团队的大量心血，这张小小的菜单，背后实际上是对一家公司系统协调能力的大考验，需要每一步都精准到位。

为了扩大新菜单的影响力，肯德基聘用了诸多当红艺人做肯德基超强星卖家，将明星效应进行到底。黄金脆皮鸡的代言人柯震东、以好爸爸形象著称的模特张亮、个性张扬的选秀明星吴莫愁、新生代偶像陈晓等，这些明星助阵"菜单大变脸"，带给消费者一个信息：已经延续了几十年辉煌的肯德基，在2014年会整装待发，再创新的奇迹。

肯德基——小厨房里的大世界

和创造世界名牌的人

一起放飞梦想

Let the dream fly

第三节　炸鸡大作战

> 所谓成长发展，就是要有很多东西不断发生，然后变成繁荣的形态，也可用"日日新"这句话来代表。意思是说，旧的东西逐渐灭亡，新的东西不断诞生。
>
> ——松下幸之助

2013年末，肯德基推出了炸鸡新品——黄金脆皮鸡。这款产品将自己的目标定位为挑战者的身份，它想挑战的是被称为是肯德基镇店之宝的吮指原味鸡。要知道，这场挑战的难度很大，因为从名字就可以看出吮指原味鸡在肯德基的鼻祖地位。肯德基最初的广告宣传语就是"好吃到吮手指"。

为了试水新产品是不是受欢迎，肯德基设立了一个擂台，类似于真人秀节目的去留选择，不过这次拥有决定权的导师并不是什么专家评委，肯德基将选择权交给了普通消费者，由大众网上投票决定两款产品的去与留。为了保证赛制的公平，肯德基利用竞争对手暂缓上市的方式，让消费者自己觉得哪个口味是他们更想要的。

肯德基先将"吮指原味鸡"暂停销售5个星期，"黄金脆

皮鸡"开始闪亮登场。而炸鸡大擂台也正式拉开帷幕，5周以后，"黄金脆皮鸡"暂时停售3个星期，"吮指原味鸡"重新回归。在此期间，每个消费者都可以登录肯德基的炸鸡作战投票平台，为自己喜欢的产品投票，并作为最终结果的重要参考依据。

这场2014年伊始全线展开的擂台赛，肯德基还出人意料地请了娱乐明星代言一款产品。要知道，肯德基一直走的是草根广告宣传的路线，很少请明星代言。对此，肯德基广宣部门回应说：

"肯德基从来没有将明星代言的模式拒之门外。最重要的是，要有一款适合明星气质的产品，才能擦出火花，才能最大限度地让广大消费者了解我们的产品。"

事实也的确如此，陈坤和柯震东，一个是成名已久的影视歌三栖明星，一个是近年来一直走红的人气偶像，他们分别代言了肯德基的原味吮指鸡和黄金脆皮鸡，更为两款产品的PK大战带来了更多的变数。

陈坤在娱乐圈多年，形象俊朗，性情直爽，赢得了很多粉丝的喜爱，从少女到师奶级的，都是支持陈坤的忠实拥趸。而柯震东作为新生代的偶像，也以充满活力的舞台表现力，赢得了广大青少年的喜爱。两个娱乐明星，分别与所代言的产品，从气质到特质上都十分契合。定位准确，形象生动，能第一时间带给消费者以"男神对决"的震撼。这样，一场炸鸡比拼，就变成了男神带动下的两大粉丝阵营的互动。

最终，肯德基集团召开新闻发布会，现场揭晓了终极PK结果。这次活动有众多网友参与，统计结果显示，有两千多万人参与了投票，肯德基将本公司的消费者满意度调查报告，与网络投票结果相结合考察，认定经典产品吮指原味鸡得到了1078万多张选票，而餐厅新贵黄金脆皮鸡则获得了983万多张选票。统计结果是吮指原味鸡以微弱的优势胜出。

虽然黄金脆皮鸡惜败于吮指原味鸡，但是肯德基并没有因此失望，毕竟这就是一场公司内部的品牌较量，无论谁获胜，最后的赢家都是肯德基，因为他们可以借机宣传自己的产品。这种较量争议性越大，产品宣传的眼球效应就越显著，肯德基的品牌知名度也就越高。

肯德基对投票的结果表示满意，因为黄金脆皮鸡毕竟是一款新品，刚刚上市不久，就能与经典的吮指原味鸡较量一番，说明肯德基锐意创新的思路是正确的。两款产品势均力敌，口味上各有特色，而且都有各自忠实的拥护者，消费者对两款产品的喜爱程度也难分高下。吮指原味鸡能险胜的原因主要在于其口感独特上。这次调研也让肯德基找到了改良新品的方向，以后还是要在调味方面做足文章。

所以，肯德基决定将吮指原味鸡列为长期保留的菜单精

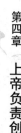

品，而黄金脆皮鸡也并没有退出历史舞台，肯德基还会不定期地推出这款产品。让双雄争霸的局面延续下去，也让公司内部的良性竞争延续下去，这样一来，这场PK大战的受益者，最满意的还是消费者。

当然，对肯德基的这次炸鸡大作战，有人提出了质疑，认为这不过是一场没有意义的内耗，让黄金脆皮鸡出局，对肯德基来说也是个很大的损失。

不过肯德基公司的本意并不是淘汰谁，或者追捧谁，而是想让一个产品在市场的检验中茁壮成长。

从前，一个人在鹰巢中抓到了一只雏鹰，他将其带回家中，和小鸡们一起放养。这只雏鹰每天和小鸡们一起嬉戏，啄食，它认为自己就是一只鸡，而不是什么雏鹰。后来雏鹰长大了，羽翼渐丰，主人也想让它在蓝天上尽情地翱翔，没想到，因为长期地家养驯化，这只鹰已经没有任何飞翔的勇气了，它觉得还是做一只有人喂食的鸡更舒服。

主人尝试了各种各样的方法，想激励这只鹰展翅翱翔，但是都无济于事。最后主人将它带到了高山之巅，然后一下子把它扔了下去。最初，这只鹰还像以前那样，无比恐惧，像一个大石头一样笔直地坠落下去，在慌乱之中它拼命拍打翅膀，终于，迎着风展翅翱翔起来。

对于一个企业来说，一个新产品就相当于是一只等待展翅翱翔的雏鹰，最重要的是要经过市场风暴的洗礼与检验。我们都知道，磨砺并不仅仅带来挫折，也是召唤成功的力量，只要你相信，自己是一只可以翱翔的雄鹰。

第四节　从草根到奥运

> 一个民族，老当益壮的人多，那个民族一定强；一个民族，未老先衰的人多，那个民族一定弱。
>
> ——皮埃尔·顾拜旦

肯德基一直受到指责，被称为"垃圾食品"，针对这种情况，肯德基并没有进行辩解，而是从正面阐发自己的思想，它发布了《中国肯德基食品健康政策白皮书》，宣传肯德基奉行的均衡营养、健康人生的理念。

一个人除了要健康饮食之外，同样重要的是养成爱运动的好习惯。所以，肯德基和中国篮协合作，推出了肯德基三人篮球比赛。

肯德基的宣传部门认为，作为餐饮，和人的健康息息相关，如果只是停留在宣传产品的层面上，会给消费者一种在商言商的感觉，不能将肯德基健康生活的理念推广开来。于是，他们策划了一项肯德基三人篮球赛事。

经过10年的努力，三人篮球赛的规模越来越大，参加人数也越来越多，数以百万级的草根人士和青少年，成为了篮球场上的草根英雄。

虽然篮球场上的冠军只有一个，体育竞技的法则是更快、更高、更强，但是中国百胜总裁苏敬轼并不这么看，他认为肯德基三人篮球赛的宗旨并不是胜负观念，也不是决出一个总冠军了事，而是推广全民健身运动，宣传健康运动、快乐生活的理念。

"参加这项赛事的每一位同学都是冠军，都是英雄。正是由于大家的热情响应和积极参与，'天天运动、健康一生'不再是一句口号，而变成一种生活习惯。"对于公司的运动理念，苏敬轼这样说。同时他衷心希望："'乐于运动、习于运动'的生活永远伴随各位。"

"百胜公司作为国际著名的餐饮连锁集团，把关注点放在倡导青少年经常参加体育运动、培养青少年健康的生活方式上，体现了强烈的社会责任感，令中国篮协感到敬佩，这也是中国篮协和中国百胜餐饮集团欣然携手举办本次比赛的道德基础。"中国篮球协会也对肯德基的赛事给予了高度评价。

中国篮协常务副主席兼秘书长李元伟，对肯德基三人篮球赛的举办赞不绝口，他认为中国篮协和肯德基的合作，不仅是体育与餐饮文化联姻这么简单，而是一件功德无量的好事。

肯德基三人篮球赛的创办，并不是简单地宣传肯德基的产品，而是利用这项赛事，推广肯德基倡导的健康生活理念。10年来，来自全国500多个城市的成千上万的篮球少年，在肯德基为他们搭建的舞台上，挥洒汗水、切磋球技，每次肯德基三人篮球赛的比赛日，就是来自中国各地的青年才俊交流思想、浇灌友谊之花的舞台，在球场上生龙活虎的年轻人，在赛场外欢聚在一起，畅谈理想，憧憬未来。

肯德基还将青少年球员球技的提高，作为篮球赛的一大宗旨，这些草根英雄，平时没有和职业队员切磋的机会，而登上职业篮球的舞台，是每一个追求篮球梦想的青少年的理想。所以，肯德基又在三人篮球赛的基础上，创办了"百佳争鸣"训练营，将全年赛事中表现良好的球员聚集到一起，组成精英联队，和中国青年篮球队同场训练，还定期接受CBA职业篮球队教练的亲自指导。训练营的设立，又成了三人篮球赛总决赛之后的狂欢节日。

肯德基创办的篮球赛，不仅是中国青少年的节日，还走向了世界。2010年8月，在新加坡举办的首届青奥会篮球比赛，首次引入三对三篮球，这是三人篮球赛首次登上国家级的舞台。中国女子国家队状态神勇，在决赛中一举击败澳大利亚队夺冠，为中国赢得了一枚宝贵的金牌。

随着三人篮球赛影响的日益扩大，伦敦奥运会结束后，三对三篮球赛还进入了国际奥委会的视野，国际篮联和国际奥委会已经开始着手，将三人篮球赛列入奥运会比赛项目的评估计划。要知道，能进入奥运会大家庭，是体育界的一项莫大的荣誉，因为它意味着这种体育形式有着最广泛的群众基础，有着最广泛的影响力。每年都有一些项目因为开展得不好，被踢出奥运大家庭，而这个由餐饮业巨头肯德基倡导的三对三篮球赛事，竟然能引起奥委会的青睐，不管能不能真正成为奥运比赛项目，都让人不得不佩服肯德基的远见。

从草根赛事，到奥运赛场的职业比拼，看似遥不可及的距离，在肯德基健康生活理念的倡导下，变得不再遥远。

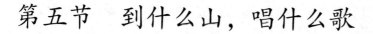

第五节　到什么山，唱什么歌

像一支和顽强的崖口进行搏斗的狂奔的激流，你应该不顾一切纵身跳进那陌生的，不可知的命运，然后，以大无畏的英勇把它完全征服，不管有多少困难向你挑衅。

——泰戈尔

肯德基是一个亲民品牌，他们在广告中不仅投入了巨额的资金，而且在广告内容和主题内涵上大打亲情牌。将肯德基和老百姓的日常生活、喜怒哀乐紧紧联系在一起。

一则肯德基的广告这样描述肯德基和家庭亲情的关系：

一个凌乱的办公室内，一位穿着职业套装的白领，拿着电话向丈夫抱怨又要加班了，从她紧锁的眉头和疲惫的话语中，我们可以得知她并不是心甘情愿地加班，因为无法照顾丈夫和年幼的孩子。

当主人公为公司加班感到无可奈何的时候，背景音乐采用了阴郁舒缓的节奏，好像观众的心情也随着主人公的抱怨而沉入谷底。忽然，配乐节奏加快，变为欢乐的节奏，丈夫和孩子突然出现在白领的办公室门口，手里提着肯德基的全家桶。

接下来镜头一转，刚才凌乱的办公桌，变得整洁协调，一家人围坐在桌前，尽情享用肯德基的美食。一家人其乐融融，一扫刚才的阴郁气氛，完全是家庭聚餐的氛围。这时候，伴随着一家人的欢声笑语，孩子童言无忌的一句话成为了这则广告的点睛之笔，他扬起微笑的脸，用稚嫩的语气对妈妈说：

"妈妈，我希望你天天都加班！"

望着可爱的孩子，妈妈将孩子紧紧搂在怀里，和爸爸相视一笑，这时，肯德基的广告语也适时推出：享受肯德基，不该少了你！

最后的广告语可谓一语双关，既说明了肯德基是不可或缺的美味，也暗示消费者，应该和大家一起来分享肯德基的美食。

加班，本来是让人身心俱疲的事情，但是肯德基从中发现了亲情的契机，当女性白领奔波于事业和家庭之间的时候，是肯德基快餐，让女性从繁重的工作与家务中解放出来，而孩子那句令人啼笑皆非的话，从侧面肯定了肯德基是家庭与事业间不可缺少的连接纽带。

肯德基的另一则加班广告，则将关注的视角投向了老板与雇员的关系。当下班铃声响起的时候，本来已经做好了下班之后时间规划的员工，都在兴致勃勃地准备享受休闲的时光，有的三五成群，讨论着晚餐的去处，有的则想体验家庭欢聚的时光。这时候，老板突然出现了，说："今晚要加班！"听到这个消息，员工的反应要么失望无比，要么沮丧地瘫软在办公椅上，要么想趁机偷偷溜走……大家都不愿意自己难得的休闲时光被破坏。

员工的情绪低落到了极点，老板再次出现，带来了一则消息：有外带全家桶！顿时，办公室沸腾了，先前充满抱怨情绪的员工，变得十分开心，各个欢呼雀跃，争抢肯德基的汉堡和鸡腿。接下来的画面是办公室的同事们共享肯德基美食，一片欢乐祥和的气氛中，老板出现在了门口，问谁还愿意再次加班？这时候，大家一改先前的疲惫逃避，纷纷举手表示愿意加班。这就是肯德基的魔力，它不仅让同事间的感情变得融洽起来，也让平淡枯燥的工作，变得有滋有味。

肯德基的广告定位极为精准，要么针对白领阶层，要么针对家庭群体，它的广告也走亲民路线，经常以琅琅上口的广告语、清新流畅的背景音乐吸引大众的眼球。这样的话，即使你不是肯德基的消费者，你也会对这个产品留下深刻的印象。肯德基宣传部的名言是：我们看重的并不是卖出多少汉堡，而是我们的汉堡能为多少人带去欢乐。

一个品牌的成功，往往不是凭借着冰冷的科技力量，而是浓厚的人文气息。比如，台湾有家饮料公司，引进了一款高科技的生产线，生产出了口感极佳而且营养丰富的饮料，本以为会行销世界，没想到投放到市场上之后，销量却一直不佳，甚至到了停产的边缘。管理者十分困惑，认为这样一款充满着科技含量的饮料不应该遭到销量的滑铁卢，于是找来品牌专家进行探讨。一个专家指出："这款饮料的内在质量很好，但是缺乏人文的厚度，并没有目标群体，一款产品最重要的是到什么山唱什么歌，才能做到有的放矢。"

根据专家的会诊意见，这款饮料的外包装发生了变化，在广告宣传上也不再一味地强调科技含量，而是在每款产品的包装上都印上一个充满浪漫气息的爱情故事，并将这款饮料的名称改为——爱情饮料。同时，推出了款式接近的情侣版，产品的质量没有变化，只是增加了一些情感因素，马上就吸引了众多青年男女的目光。他们可以一边说着动人的情话，一边欣赏着唯美的爱情故事，可谓一举两得。这些故事又增加了一些浪漫的情调，结果这款饮料的销量直线上升。

后来，饮料公司又趁热打铁，开展了"爱情"为主题的征文活动，将这些来自民间的草根爱情故事，选择一些优秀的篇什印在产品的外包装上，反响更为热烈，每个人都希望有更多的人分享自己甜蜜的爱情故事。于是，这款爱情饮料成为了一线品牌。

无论是爱情饮料，还是肯德基的美食，都针对目标群体，营造了一种浓郁的情感交流氛围。找对了情感的支点，成功自然是水到渠成的事情了。

第六节　全球不见得通用

> 一切都在变，一切都在过渡，只有全体
> 是不变的。世界生灭不已，每一刹那它都在
> 生都在灭，从来没有过例外，也永远不会有
> 例外。
>
> ——狄德罗

肯德基快餐最初的全球宣传广告语是"好吃到吮手指"。这则广告语形象生动地写出了肯德基美食的诱惑，甚至当你吃完之后，还会意犹未尽，想吮吸自己的手指，回味刚才的美食体验。

1973年6月，肯德基正式进入香港市场，本来踌躇满志的肯德基事业部经理惊讶地发现，这个古老的东方世界，并不能容纳来自大西洋彼岸的炸鸡文化。进入市场后，产品销量和客流量一直在下滑，两年之后，只能草草关门了事。这一次香港市场的败绩是海外市场几乎无往而不利的肯德基遭遇的一次严

重的滑铁卢事件。

　　董事会成员大多建议放弃香港市场，大家认为东方文化可能根本不适应肯德基的牛仔式快餐，那里的人们喜欢悠闲的慢节奏，煲汤、慢炖，对快餐文化有天然的排斥心理。但是，肯德基总部并不是真的想放弃香港市场，因为香港拥有众多的白领阶层，而肯德基快餐正是白领消费的绝佳选择，因为它干净、快捷、美味，适合都市快节奏的生活状态。

　　于是，肯德基再次派出了市场调研人员，对香港市场的消费需求进行了街头问卷调查。市场部的调研结果让大家大跌眼镜，原来大多数消费者并不是因为肯德基的口味和食材问题，拒绝接纳肯德基，问题出在了那句广告语上——"好吃到吮手指"。

　　这句话在西方文化的语境下无可厚非，西方文化尤其是美国文化，弘扬的是冒险进取的创业精神，对餐饮文化礼仪并不十分重视，一件食物如果真的美味无比，吸吮一下手指也不算什么失礼的事情。但是香港地区所代表的中华饮食文化则不同，讲究含蓄节制、进退有序的饮食礼仪，从食材的选择到用餐的环境，再到进餐的礼仪，都有一套独特的审美观念，中国人认为吃饭的时候吸吮手指是极其粗鲁、没有礼貌的举动，自然也认为肯德基代表的快餐文化也粗鄙没有教养，自然不愿意选择在肯德基用餐了。

几年之后，肯德基再次杀回了香港市场，有了上次宣传策略的前车之鉴，肯德基要做的第一件事，就是迅速地调整了宣传广告语，放弃了之前全球通用的广告语"好吃到吮手指"，而广泛征求香港市民的意见，将肯德基美味的特点与粤语的发音特点结合起来，换了一句港味十足的广告语——"甘香鲜美好口味"。

甘香鲜美好口味，体现了肯德基试图融入中国传统饮食文化的努力。中国的饮食文化讲究色香味俱佳，这则广告语就集中体现了这种饮食理念，而且针对粤菜的特点，重点突出了食材的新鲜与甘美，自然引起了香港人的好感。开业之后，宾客盈门，很快成为了肯德基在亚洲的旗舰店和桥头堡。

从这次波折中，肯德基总结了经验，认为宣传策略上，融入当地的文化是极其重要的一环，因为食材和烹饪方法都是一样的，人们选择一个品牌的主要依据就是能否实现文化上的认同。

1987年，肯德基正式进入中国内地市场，他们大打亲民牌和亲情牌，在电视广告上宣传肯德基要做到"立足中国，融入生活"。肯德基针对中国人的饮食特点和口味要求，积极地改进自己的配方，同时，在店面设计与品牌形象上也更多地采用富于中国特色的设计元素。

中国百胜总裁苏敬轼说：

"肯德基虽然是一家跨国公司，但是一直秉承着为中国人打造一个纯粹中国品牌的理念，自1987年肯德基正式进入中国市场开始，肯德基就没有将自己当作一个外国公司，而是一直致力于本土化的努力。"

可见，肯德基对中国市场格外重视，而他们在中国市场的成功也表明，他们不仅是说说口号而已，而是实实在在地做出改变。这种改变不仅表现在食品口味的变化上，更重要的是对理念贯彻的始终如一。

肯德基每年都要举办餐厅经理年会，以此来团结分散在中国各地的肯德基分店。2004年，肯德基别出心裁地将门店经理们汇聚到长城脚下，1000名肯德基经理在长城上庄严地宣誓：立足中国，融入生活。这次壮观的宣誓活动，被肯德基视为一次重要的仪式，表明来自中国各地的经理们达成了一个共识——用心聆听中国消费者的真正需要，融入社会，回馈社会。

160

第七节　奇奇与中国风

> 没有什么东西是稳定的或永恒不变的，
> 只存在不断变动和运动的事物，世界总是充
> 满着各种各样的运动和变化。
>
> ——柏拉图

　　肯德基以家庭成员为主要的目标消费者，一直在营造一种全家一起用餐的欢乐气氛。其中，青少年顾客又是肯德基工作的重心所在，青少年的心态特点是，有攀比和追求时尚的心理，容易接受新事物，所以要适时推出新品以满足青少年的猎奇心理。而儿童则又是青少年中的主力消费群，因为家长往往有再苦不能苦孩子的心理，也有望子成龙的愿望，所以抓住了儿童心理，就会带动家长前来就餐，可谓一举两得。

　　为此，肯德基为儿童精心设计了儿童桌椅，色彩艳丽，尺度适中，还在每家肯德基门店都设立了儿童天地专区，设置滑梯、迷宫等儿童游乐设施，为每位过生日的孩子庆祝生日，让肯德基成为一个盛大的生日派对。肯德基还根据亚洲儿童的审美趣味，专门设计了肯德基的形象代言卡通形象——小鸡奇奇。这个形象是将印有肯德基标志的蓝色帽子反扣在头上，露

出了一绺红色的羽毛，显得俏皮活泼，一只眼睛瞪得大大的，而另一只眼睛眯缝着，好像在对着朋友做鬼脸。蓝色的领结显示了奇奇的绅士风度，而它举起的双手，伸出了大拇指，显得自信无比。

奇奇并不是一个只会摆pose的玩偶，还是一个肯德基的导购员、小朋友的好伙伴，但更多的人则认为奇奇是山德士上校养的宠物，别小看这个穿着大头皮鞋，蹦蹦跳跳的小家伙，它很受孩子们的欢迎。

这正是肯德基的一招妙棋。原来，肯德基的山德士上校给消费者的感觉是老成慈祥，而要抓住儿童的心理，拉近与他们的距离，显然不能让山德士上校蹦蹦跳跳。奇奇的出现，弥补了这种缺憾。健康快乐的奇奇，可以拉着小朋友跳舞，向他们派发小礼物，还能以朋友的口吻，向他们宣传一些健康常识。比如定时定量好习惯，暴饮暴食不可取；再比如，饭前洗手好习惯，边吃边玩影响健康。有些话，爸爸妈妈说出来，孩子不一定能听，但是从奇奇口中说出来，小朋友都觉得是"朋友"说的，就会很听话。于是，很多家长带着孩子来到肯德基，不仅仅是为了就餐，还有一些专门来看看奇奇又讲些什么健康常识。这样一来，肯德基就不仅是一个进餐的好去处，还是宣传健康知识的"教育基地"。

肯德基还开发了奇奇系列玩具，如肯德基奇奇小当家、肯德基奇奇大冒险、奇奇世界之旅游戏棋，等等。新颖的玩法吸引了更多的小朋友前来就餐。为了得到一份快餐附赠的奇奇玩具，肯德基套餐的销量自然直线上升。

肯德基的聪明做法还在于，它并不是等待顾客上门，而是走出去，到校园里宣传健康生活的理念，以及中华文明的灿烂历史。比如，2001年"肯德基奇奇欢乐流动课堂"开始走进校园，每一期主题都是肯德基精心策划的，并结合当时的社会热点，与青少年学生进行课堂互动，以丰富多彩的活动宣传公民道德观念、学生的安全自救教育、民族的精神传统，等等。迄今为止，肯德基已经在全国百座城市的几千所小学开设了奇奇课堂。

每次课堂的主题尽管不同，但是开场的形式都类似，奇奇和一群肯德基员工进行中国风情的表演，通过民族服饰展览，介绍中国56个民族的服饰与习俗，接下来是中国国粹京剧登场，独具特色的中国脸谱成为了直观的道具，让青少年学生在生旦净末丑、手眼心法步的古韵中，领略中华文化的特有魅力。而在国学经典诵读的环节中，奇奇也和同学们一起，练习汉字书法，背诵经典名句。这时候，奇奇已经不是一个外来符号，而是和中国传统文化息息相关的文化传播使者。

对于奇奇欢乐流动课堂，社会反响十分巨大，大多数人欢迎这种寓教于乐的方式宣扬中国传统文化，但也有一些反对的声音，认为这不过是肯德基的一次高明的不露痕迹的营销宣传罢了。

不可否认的是，肯德基奇奇课堂的目的，有借第二课堂宣传肯德基，扩大品牌影响力的意义。不过，作为一种将商业目的与中国传统文化宣传结合起来的活动，更应该肯定的是它的影响与效果。毕竟，一只蹦蹦跳跳、从大洋彼岸过来的"小鸡"奇奇，它载歌载舞，将时尚与传统结合在一起，已经成为了肯德基的文化使者。

第八节　肯德基的"红线"

> 高雅的品味，崇高的道德标准，向社会大众负责及不施压力威胁的态度——这些事让你终有所获。
>
> ——李奥贝纳

近几年来，食品安全问题频频出现，作为全球最大的连锁炸鸡快餐集团——肯德基也不能幸免，自2005年开始，关于肯德基食品卫生等不过关、不合格的事件不时见诸报道。比如

"大肠杆菌超标事件""药鸡门""冰块事件"等事件，可谓一波未平一波又起。这些真伪难辨的传闻，让肯德基品牌的公信力，受到了一定的冲击和影响。

面对危机，肯德基做出了一系列的积极应对举动，逐渐消除了这些事件的消极影响，堪称危机公关的经典案例。

肯德基首先在内部将一系列的危机事件作为反面教材，向全体员工进行宣传教育。肯德基公司认为，在错误的道路上停下来，就是正确的选择。另外，真伪难辨的危机事件传言，容易使不明真相的大众产生群体恐惧心理，因此保证信息及时性，让受众第一时间了解事件的情况，对危机公关至关重要。

2005年2月，在英国的食品中发现苏丹红，下架食品达500多种。23日，接到中国国家质检总局的紧急通知，肯德基所属百胜餐饮集团立即要求供应商对相关调料进行检测，并提供书面报告确认。

百胜集团要求所有供应商继续排查"苏丹红一号"，并把排查重点转向国内原料。3月15日，在肯德基新奥尔良烤翅和新奥尔良烤鸡腿堡调料中发现了微量苏丹红成分。17日，百胜品控人员在进一步追查苏丹红时，在生产记录中发现含苏丹红的辣粉，曾经被用在部分肯德基香辣鸡翅、香辣鸡腿汉堡和劲爆鸡米花的调料中。

肯德基立即通知所有餐厅停用剩余调料，由同款其他调料

代替。随后，为了配合北京市食品安全协调办公室的调查，北京肯德基立刻暂停销售上述3种产品。

随着社会的不断发展，公众对话语权的诉求越来越强烈。当危机发生时，所有危机受众都有权利参与到与之切身利益相关的决策活动中。危机公关的目的不应该是转移受众的视线，而是应该告诉受众真相，使他们能够参与到危机管理的工作中来，表现出积极合作的态度。

始终保持坦诚的态度，面对危机不逃避，敢于承担责任，就容易取得受众的信任和谅解。危机公关的首要目的也就在于此，保持坦诚是保证危机公关得以有效实施的基本条件。

百胜集团应对苏丹红事件的态度十分坚决，不仅要求全国所有肯德基餐厅停止售卖新奥尔良烤翅和新奥尔良鸡腿堡两种产品，同时启动内部流程，妥善处理并销毁所有剩余调料，防止问题调料回流到消费渠道。

为了尊重大众的知情权，肯德基公司还通过媒体和餐厅发布中国肯德基"有关苏丹红（一号）问题的声明"，向公众致歉。利用媒体与普遍大众取得一种沟通的渠道，通过媒体来传播企业面对错误时的端正态度，从而减少公众的恐慌与不安。

在经济全球化的发展趋势下，市场对于经济运行来说，就像有一只无形的手在推动其发展，在市场的作用之下，经济发展必然逃脱不了这样或那样的局限性，必然会导致不同程度上的危机。作为企业的经营者们来说，如何在危机之下重拾商机，如何顺利摆脱信任危机，这是一门必修的科目。

肯德基的危机公关案例告诉我们，只要不逃避，不放弃，采取一种积极乐观的态度，坚持必需的重要原则，使用正确的策略方案，总会很好地解决危机的。

作为全球性知名品牌，肯德基集团从其品牌最初的创业，经历了经济危机大萧条时期，经历了第二次世界大战，经历了经济全球化的发展趋势，历经百年岁月，它里面所包含的企业文化异常丰富，如何让企业继续维持其生命活力，继续朝着阳光的方向发展、前进，最重要的还是要注重食物产品的质量。

食品安全卫生问题关乎消费者的生命健康，作为企业的肯德基要时刻警惕着这一不可触碰的红线，以避免给这个著名的品牌，蒙上不该有的尘埃。

有这样一则故事。一个大公司要高薪聘用一名司机，经过多轮考试之后，只剩下三个条件最好的竞争者。这时候，主考官问了他们最后一个问题：

"如果在悬崖边有一块金光闪闪的金条，你们要开着车去拿，你们觉得车子距离悬崖多远，才能既不掉下悬崖，又能够到这块金条呢？"

第一位回答说："我只要两公尺，足够了。"

他对自己的回答很满意，因为他觉得主考官是考验他们的开车技术水平，这方面他对自己很有自信。

第二位不屑地看了一眼第一位回答者，他骄傲地回答：

"要知道，这是个需要技术含量的工作，我行车几十年，我只需要一公尺。"

说完之后，他得意洋洋地等待着用人单位的聘用。因为他知道，这是行车的极限了，第三位无论怎样回答，都不可能战胜自己。

只见第三位不慌不忙地回答：

"我想我不能回答这个问题，因为安全是行驶过程中最重要的因素，我想我会远离悬崖，而且越远越好。"

主考官赞许地点点头，聘用了第三位应聘者。

金光闪闪的金条，是一种诱惑，作为一个企业，面对不当利润和诱惑的时候，最好的方法是远离它们。因为稍有不慎，就会陷入车毁人亡的危机之中。

肯德基以各种应对措施，挽回了各种事件的不利影响，而且在行业中，率先以承诺书的方式，要求自己加强食品安全管理。

正如哲学家穆尼尔·纳素所说：

"责任心就是关心别人，关心整个社会。有了责任心，生活就有了真正的含义和灵魂。这就是考验，是对文明的至诚。

它表现在对整体，对个人的关怀。这就是爱。"

从这个意义上讲，肯德基重拾对大众食品安全的责任心，也是一次拂拭灰尘，让品牌继续闪光的壮举。

第九节　重新定义幸福，生活如此多娇

> 如果有一天，我能够对我们的公共利益有所贡献，我就会认为自己是世界上最幸福的人了。
>
> ——果戈理

有人说肯德基是一个流着洋血统，却有着中国情怀的企业。这一点，从它遍布中国大小城市的肯德基门店数量上就可以看出来，虽然进入中国市场较晚，但是它的门店数量已经接近主要竞争对手的一倍。

比如，肯德基的广告语，曾经是那句耳熟能详的"有了肯德基，生活好滋味"，2010年6月1日起全面改为"生活如此多娇"。这句话显然化用了毛泽东的《沁园春·雪》中的诗句，作为中国人记忆犹新的领袖诗词，其中大气磅礴又豪气冲天的境界，感染了无数中国人。

不过，正如百胜餐饮集团中国事业部、肯德基品牌总经理韩骥麟说的："大家初次听到这句全新的品牌口号，可能不太容易把它和肯德基联系在一起。"因为在消费者的眼中，肯德基不过是一个西式快餐，而肯德基的这次品牌口号的变动，也并不是想和过去的形象完全割裂，而是对肯德基健康饮食文化更全面的阐释。韩骥麟说："肯德基这个品牌在大家的心目中不再是简简单单的一个餐饮品牌，它带给大家的也远远不止食物而已。肯德基陪伴在大家的左右，成为多娇生活中的一部分。"所以，"生活如此多娇"这句似曾相识的广告语一经推出，立即在中国社会引起了强烈的反响，有网友质疑肯德基的创意初衷，认为是借用经典文化来炒作自己，甚至有网友仿照肯德基的广告语的句式，以调侃的方式仿作了很多条广告语，一时成为网络的热点话题。

面对各种质疑的声音，这则广告语的创意者，中国百胜总裁苏敬轼有着自己独特的见解，他说："口号的改变，是希望消费者对肯德基品牌能有更全面的认识。"是的，肯德基的广告语，引起了网友的争议，从这点上看，就已经获得了巨大的成功，因为只有受到关注的品牌宣传，才是真正奏效的宣传，这比花多少钱做广告都划算。

在苏敬轼看来，肯德基之前的广告语"有了肯德基，生活好滋味",核心词在"好"字上,这样的品牌定位比较模糊,而且较为单一,会让消费者联想到肯德基不过只是一份美食而已,而新广告语"生活如此多娇",重点词在"多娇"上,就会让人有多重的联想。所以,当肯德基在中国大陆第3000家门店开业庆典上,肯德基正式推出了这则全新品牌宣传语。

其实,最开始的时候,这则宣传语的英文只有两个简单的单词——so good,如何将之翻译为汉语,着实让肯德基总部费了番脑筋。因为根据直译的话,这句话就会被翻译成几个简单句,比如好滋味、如此美妙等,都不能准确传达肯德基的基本理念。要知道,翻译的境界可以分为信、达、雅等多个层次,不仅要做到准确、通达、传神,更需要雅致含蓄,传达词语背后的文化内涵,才能让更多的消费者认同你的文化理念。

这句简单的宣传语,肯德基总部开了几十次会议,董事会成员以及肯德基宣传企划成员都倾向于直译这句话,这是最简单省事的办法。不过苏敬轼并不这么看,他认为中国的文化博大精深,如果仅仅是直译的话会损害其中的内涵以及文化底蕴。

有一天,苏敬轼在翻阅《毛泽东选集》的时候,突发奇想:中国人,尤其是中老年一代,深受毛泽东诗词的影响。于是他做出了一个大胆的举动,将之意译为"生活如此多娇"。毛泽东诗词的原文是"江山如此多娇",虽然只有两个字的改

动，但是意义已经迥然不同，后者说的是世界的寥廓、壮美，而前者说的是人生状态的探索发现与满足。

这个翻译刚一提交会议讨论，马上引来了一致的反对声音，大家都认为这句话和肯德基的关联实在太小了，担心消费者并不能一下子明白这句话的文化内涵，这样就起不到宣传的作用。但是，随着讨论的深入，越来越多的员工认同了苏敬轼的观点。最后，全体通过了苏敬轼的提议。

事实上，正如大家所担心的，肯德基的"生活如此多娇"让消费者摸不着头脑，很多网友都在疑惑："肯德基的汉堡和多娇是啥关系？"对此，苏敬轼说："这句话实际上应该是现代社会中人应该追求的境界，大家说的对，无论有没有肯德基，我们的生活都应该多娇一些，这是一种人生态度，正如广告歌中唱的那样——珍惜所有，创造美妙乐章，我们是多彩生活的创作家，你是快乐心情的传递者。生活如此多娇，有我有你一起来塑造！"

如果将"娇"字的意思理解为美好、幸福，我们就可以理解这则广告和肯德基之间的关联，暗示着肯德基所代表的现代流行餐饮文化，让我们的生活更加美好，让我们的幸福感与日俱增的意思。后来，肯德基还创办了一个为期半年的活动，活动的名字干脆就叫"一起多娇"主题活动。以物质奖励的方式，鼓励消费者一起去寻找生活中美好的事物，一起体会幸福的瞬间，记录下幸福的一刻，让大家从具体的生活小事上体会到肯德基一直倡导的"生活如此多娇"。

在这个科技飞速发展的时代，已经有越来越多的人，享受到了高科技带来的方便和快捷，人们接触资讯的方式越来越多，人们拥有快乐的方式也越来越多，但是，是不是这种幸福感也会与日俱增呢？人们真正体会到了幸福的涵义了吗？过去，一个简单的玩具就可以让我们欢乐开怀，去吃一次肯德基就像过节一样。现在，我们眼中的奢侈品，都走入了寻常百姓家，但是幸福感却变得越来越难以把握，幸福又变成了一件奢侈品。

幸福总是可望而不可即。今天的快节奏的生活，已经让我们迷失在高科技带来的炫目世界里，幸福到底在哪里？越来越多的人在追问这个问题。我们早已经不习惯慢下来思考人生，认为慢节奏的生活是令人无法忍受的老古董的生活状态。肯德基所倡导的"生活如此多娇"，其实宣扬的就是一种生活态度：我们要慢慢地走，慢慢地欣赏生活，而不是稀里糊涂地成为了金钱和权力的奴隶。

肯德基不光是一个能做出珍馐美味的大厨，还是一个懂得人心灵秘密的心理辅导师，它时刻提醒每一位走进肯德基的人，生活中，平凡人的状态才是生活最本真的状态，生活的目标并不是财富的积累、权力的获取。或许，一句真诚的问候、

一桌热气腾腾的饭菜、一个在巷口等你回家的亲人的背影，就是生活的真谛所在。

只要你走出心灵的牢笼，不再被世俗的烦忧所束缚，心安处就是幸福，原来"生活如此多娇"。

结　语

在肯德基，有一项重要的考核指标，每个服务员的工作态度，决定着自己的职位升迁和工资待遇。这种服务流程被制定为一套规定程序，称之为肯德基的"服务三步曲"。

当顾客进门的时候，就会有服务员低首致意，热情地招呼顾客："欢迎光临肯德基。"

而且，并不是只有售货员招呼顾客，无论是前台经理，还是肯德基的清洁员，都以灿烂的微笑和饱满的热情，问候顾客。

肯德基的口号是："让你进门就被重视。"

每个商家都知道，"顾客就是上帝"的道理，但是往往停留在表面，没有落实到具体行动中。肯德基的管理经验认为：微笑是不需要成本的，但是发自内心的微笑，会让顾客体会到一种受尊重的归属感，服务员以亲切的口吻对顾客说：

"我们最近新推出了一款新品，请问您要不要品尝一下？"

肯德基有百种口味的食品，很多顾客在点餐的时候往往有一种"选择困难症"，服务员的问候语，虽然是一句平常的话，但是能起到"一箭三雕"的作用。首先，推销了肯德基的新品；其次，解决了顾客的选择难题；最后，体现了肯德基"好东西与好朋友分享"的快乐分享原则。

肯德基还要求服务员在交给顾客食品的时候，重复一次顾客点餐的种类和数量。或许有人会觉得肯德基的做法多此一举，但是这种服务方式有其聪明之处，服务员重复的话，会让顾客体验到一种被尊重的感觉，另外，这也是对顾客认真负责的态度，因为一旦发现点餐与配餐不符的现象，服务员能马上更正自己的错误。

如果顾客要求打包带走，服务员会将食品分类包装。比如，打包饮料的时候，用的是分成两格的塑料袋，当顾客走出肯德基的时候，服务员都会鞠躬致意："谢谢，欢迎您再次光临肯德基""肯德基祝您用餐愉快"等，真诚的话语让顾客体会到宾至如归的感觉。

肯德基餐厅对服务员的要求极为严格，在《员工手册》中要求服务员做到态度柔和、懂得尊重、富于爱心。肯德基认为：每一个顾客都是肯德基的上帝，从他们走进肯德基的那一刻起，要尽量满足顾客的要求，而且不能过于程式化，要富有人情味，这一切的前提是服务员对顾客要充满诚意，意识到自己是代表肯德基与顾客进行交流与对话。

这是一个流传已久的故事。一天，一个特殊的顾客光临了肯德基，这是一个衣衫褴褛的老婆婆，她先是怯生生地望着服务员，不敢开口说话。这时候，服务员以热情的微笑接待了老婆婆："您需要点什么？"老婆婆更加局促不安了，她对服务员说："我……我身上只有两元钱，我知道这很少，我只想要喝点汤……"

服务员明白了，眼前是一位有着心酸故事的老人，她风烛残年，还要为了生活辛苦奔波。服务员眼里含着热泪，向当时的值班经理做了请示，没过多久，服务员便端着一盘热气腾腾的汤饭，走向了老婆婆。老婆婆简直不敢相信自己的眼睛，她攥了攥手里仅有的两元钱。

"姑娘，你可能没听清楚，我只有两元钱，我只想喝点汤！"

服务员笑容可掬地说：

"放心吧，老人家，这就是你点的汤饭啊。"

"我也没点这么多的东西啊，唉呀，还有一个荷包蛋。我也不要肉，我只有两元钱！"

老婆婆有些着急，她不想占别人的便宜，所以说话有些语无伦次了。

"老婆婆，您慢慢吃，这些都是我们这些孩子给您做的，不要钱……"服务员俯下身子，在老婆婆耳边轻声说。

肯德基餐厅里，大家都静静地吃饭，尽量不去打扰老人家。无论是服务员，还是老婆婆，还有周围就餐的顾客，大家的眼睛都是湿润的，每个人都感受到了一份真情，这种情感是用多少金钱都无法买回的。

有人说肯德基的员工培训能够做到这种程度，实在是难能可贵。但是你也许不知道，在肯德基的员工培训中，不仅要求服务员对顾客的态度要如春风般和暖，这里还有一则经典的小故事告诉大家。有的时候尊重是相互的，你的顾客，也可能是那个用友善对待你的人。

有一天，一个小男孩进了餐厅，问服务员：

"我想知道，冰淇淋圣代多少钱一杯？"

"50美分，先生。"小男孩将所有的硬币都凑起来，仔细地数了数，不多不少，正好50美分。

"那一杯普通的冰淇淋多少钱呢？"小男孩又问服务员。这时候服务员有些不耐烦了，因为还有其他客人在等待点餐。

"35美分。"

小男孩看了看手中的硬币，思索了一下，说：

"那我就要普通的冰淇淋吧。"

小男孩吃完冰淇淋走了以后，服务员开始收拾桌子。这时候，她惊讶地发现，在空盘子里面，整齐地摆放着几枚硬币，一共15美分——这是小男孩给她的小费。

肯德基告诫员工，你或许有各种各样的借口，不顺心、不如意的事情也有很多，但是应该记住，你面对的消费者或许有千千万万，但是千千万万个消费者面对的只有一个名字——肯德基。所以，你的爱心和情意，将直接为肯德基的名字增加光彩。所以，类似的故事还有很多，也被广为流传。

正如法国著名作家雨果说的：

"一根小小的青柳枝，也会改变大雪崩的方向。"

只要心中有爱，那么无论你是什么身份，也无论你身在何方，都能体会到相互尊重的爱的力量。